Constructor de Cicatrices

*Cuando la vida se quiebra, ¿qué puede
levantarse de los escombros?*

ALEXANDER DOMINGUEZ

ALKDOSH LLC

Contenido

Dedicatoria

En primer lugar a Dios, el Constructor de Cicatrices,
quien tomó nuestras heridas y las volvió testimonio, nuestro
quebranto en propósito y nuestra historia en su promesa
cumplida. ¡A Él sea toda la Gloria!

A Linnet, Lylian Daniela, Rocío y Ana Karen:
no solo cruzaron fronteras geográficas, sino abismos del alma.
Su valentía está escrita en cada página.

A mi padre Roberto Dominguez, cuyas oraciones cruzaron el
mar y me sostuvieron cuando yo no podía.
A mi madre Maria San Juan, cuyo amor incondicional fue
aliento a través de la distancia.

A mis hijas en Cuba, Daniela y María Fernanda: su ternura y
ánimo constante me dieron fuerzas para seguir adelante.

A mis suegros, Adalis Reyes y Frank Saavedra:
quienes en medio de la tormenta mantuvieron en pie a nuestra
familia cuando las fuerzas escaseaban.

A cada migrante que aún camina su desierto:
que estas páginas le recuerden que Dios no abandona a quienes
cruzan su Mar Rojo.

Prólogo

No soy escritor; soy un testigo.

Un hombre quebrado que fumaba para acallar el coro del fracaso. Que trabajaba dieciséis horas diarias entre una panadería y la construcción. Que vivía en una habitación compartida con extraños mientras mi esposa y tres hijas sobrevivían en Cuba.

Separados. Quebrados. Sin camino visible.

Una madrugada a las 3:00, Dios me despertó con un número: 225. No entendí. Busqué y leí un mensaje que le puso nombre a lo próximo que debía hacer: «Maestro Constructor». No me llamaba a construir edificios; me llamaba a reconstruir nuestras vidas desde las ruinas.

Lo que siguió fue un éxodo. Mi familia atravesó Nicaragua, Honduras, Guatemala y México. Cruzaron selvas que devoran esperanzas, ríos que cobran su precio en terror. Un secuestro en Veracruz donde exigieron cuarenta mil dólares que no teníamos.

Yo, desde Texas, libré mi propia batalla: la tortura de la impotencia, negociaciones con criminales, la agonía de no poder proteger a los míos. Pero en medio del caos, Dios movía piezas invisibles.

Este libro nace de la cicatriz —esa herida que dolió, pero ya no sangra— y es una invitación a edificar tu vida con los pedazos que hoy tienes en las manos.

Al terminar estas páginas, tendrás tres cosas:

•Un nuevo lenguaje para tu dolor —palabras que nombran lo innombrable.

•Un mapa para reconstruirte —no teoría, sino pasos reales desde las ruinas.

•La certeza para perseverar cuando el cielo guarde silencio —porque aprenderás a construir sobre un eco.

No estás solo.

«El ángel de Jehová acampa alrededor de los que le temen, y los defiende» (Salmo 34:7).

Caminemos juntos.

Si Dios pudo reconstruir a un hombre quebrado en una habitación compartida, separado de su familia por un océano y miles de kilómetros, también puede reconstruirte a ti.

Dios está esperando que le entregues tus heridas.

De la herida nacerá la cicatriz

De la cicatriz, tu propósito

De tu propósito, tu legado

Cómo leer este libro

Te sugiero un capítulo por día. Al terminar cada uno, medita en las «Preguntas para el alma» y comparte una revelación semanal con alguien de confianza.

Este no es un libro para leer de prisa. Es un compañero para tu proceso de reconstrucción.

Alexander Dominguez
Georgetown, Texas
Nochebuena, tres años después

1

EL CÓDIGO 225

E staba roto, fumando para acallar las voces del fracaso. *No imaginaba que, justo así, Dios estaba a punto de entregarme mi mayor propósito. Mi vida olía a dos cosas: a levadura quemada de madrugada y a cemento seco al atardecer.*

Dios no espera tu mejor momento; espera tu obediencia

El coro del fracaso

A mis cuarenta y tantos, la vida me había empujado a una rutina implacable. El vacío en mi corazón era inmenso. Los días un túnel de dieciséis horas que comenzaban con el chillido de la alarma a la 1:30 a. m. Mis manos conocían de memoria la rutina: amasar harina en la panadería hasta que salía el sol, sacudirme a las 7:00 de la mañana y apenas sin desayunar, cambiar de piel para enfrentar el polvo de la construcción.

No tenía carro; dependía de compañeros que me llevaban de un sitio a otro, sintiendo en cada viaje el peso de ser una carga.

Vivía en una habitación compartida de una casa rentada en Georgetown, Texas. Una torre de babel de la supervivencia: tres venezolanos, un mexicano y yo. Todos pagábamos partes iguales, pero el contrato llevaba mi nombre; si el barco se hundía, yo era el capitán del desastre.

Un espacio donde la soledad pesaba más que el silencio, un lugar temporal que se convirtió en dolorosa permanencia.

Al regresar del trabajo, el ambiente se llenaba de ruido y alcohol. Mis Compañeros buscaban escape en la bebida; yo no era inmune a la tentación, cayendo en esos mismos excesos.

Con la camisa limpia y planchada la noche anterior, acudía cada domingo a la iglesia alimentando mi fe del buen samaritano, para el lunes esa fe se sentía distante, casi teórica.

El resto de la semana, mi oración más honesta no eran palabras, sino el humo continuo de cigarrillos que exhalaba hacia el cielo contaminado. Fumaba para asfixiar los susurros internos. Esas voces que no te dejan dormir. «*Fracasado*». «*No tienes nada*». «*Tu familia está sufriendo en Cuba y tú estás aquí, escondido, quemando en tabaco el dinero que no puedes permitirte»*

La voz del número 225

El agotamiento me había sumido en una inconsciencia vacía. Aprovechaba una rara madrugada libre de la panadería. De pronto, a las 3:00, una voz me despertó de súbito. Clara y nítida, invadió mi mente. No fue una reflexión propia ni la voz suave de la conciencia. Fue un martillazo dentro de mi cráneo. Firme e ineludible. Una presencia tan real que no admitía debate.

—*Doscientos veinticinco.*

El sueño se esfumó al instante. La penumbra de la habitación seguía igual, rota solo por la respiración pesada de mi compañero de cuarto. Afuera cada cosa permanecía en su lugar, pero dentro de mí se había abierto una grieta.

Quise convencerme de que era fatiga, darle la espalda a la voz, taparme la cabeza con la almohada, hundirme de nuevo en el sueño para borrarlo. Pero era como intentar contener el océano con las manos. El número permanecía allí, impreso en el reverso de mis párpados, ardiendo.

La voz regresó, esta vez como una orden:

—**Busca el significado de 225.**

Mi escepticismo se rebeló al instante. Era un músculo bien entrenado por años de lucha y decepción. Rodé en la cama, frustrado. «*¿Buscar revelaciones divinas en Google a las tres de la mañana?*», pensé con sarcasmo. «*¿En serio, Señor? ¿Así trabajas ahora? ¿Con motores de búsqueda y Wi-Fi? ¿Qué sigue, un Edicto Real por TikTok?*».

Me parecía absurdo.

Aun así, tomé el teléfono. La luz de la pantalla me hirió los ojos acostumbrados a la oscuridad. Con dedos torpes y el pulgar entumecido, tecleé: «*225 significado*».

Los resultados me asaltaron como una pared de ruido. Numerología angelical. Portales cósmicos. Misticismo de la nueva era. «*Tus ángeles te envían vibraciones*». «*El universo conspira a tu favor*».

Un escalofrío de rechazo recorrió mi cuerpo. Esto era jerga de horóscopo, no el Verbo de Dios. Era exactamente lo que advierten en las iglesias: atajos espirituales que conducen al precipicio. La antítesis de mi fe, una fe que, aunque desgastada por la rutina, yo sabía construida sobre roca y sacrificio, no sobre *"energías"*.

Apagué la pantalla y arrojé el aparato a la cama como si quemara. «*Estoy perdiendo la cabeza*», me dije. «*Es el estrés. Duérmete*».

Pero el silencio que siguió no trajo paz. La presencia simplemente esperó. Su autoridad serena desarmaba mi resistencia. Había dado una instrucción clara que yo estaba desobedeciendo. El temor a esa desobediencia comenzó a pesar más que el miedo a parecer ridículo.

Mis manos temblaban un poco cuando volví a tomar el teléfono. El plástico frío se sentía diferente esta vez. Me rendí al terror silencioso de decirle «*No*» a algo que sabía, en lo profundo de mis huesos, que era más grande que yo.

El mensaje y la paz interior

Está bien, Dios susurré en la oscuridad_. *Perdóname. Si eres Tú, si estás en esto, filtra la basura y muéstrame la verdad.*

Busqué de nuevo. Navegué más allá de la espuma esotérica de los primeros resultados. Mis ojos escaneaban buscando cualquier cosa que tuviera peso, que se sintiera... sólida.

En mitad del ruido digital, me incliné más cerca de la pantalla, como si pudiera entrar en ella. Un concepto se ancló en mi espíritu. Supe, con esa clase de certeza que precede a la razón, que había llegado a la fuente.

El texto hablaba de equilibrio, cooperación, adaptabilidad y diplomacia. Más profundo aún: era un llamado a construir. Aparecía el concepto de *"Master Builder"* — *Maestro Constructor*.

No hablaba de suerte ni de magia. Hablaba de dualidad, armonía y misión divina. De soltar cargas emocionales y espirituales para abrir espacio a una vida nueva. De un llamado a confiar plenamente en un plan superior.

«*Maestro Constructor*». Esas dos palabras resonaron en la habitación. Esa era la respuesta.

La viga maestra

La realidad me devolvió una imagen cargada de ironía: Dios me llamaba a seguir un plan de «Maestro Constructor», mientras yo me rompía la espalda trabajando en la construcción.

Miré a mi alrededor: las paredes despintadas, mi compañero durmiendo ajeno a todo, mi ropa de trabajo apilada en una silla oliendo a sudor rancio y cemento. ¿Maestro Constructor de qué? ¿De esta miseria?

Pasaba mis días levantando casas para que otros cumplieran sus sueños, y volvía a dormir a una habitación que no era mía.

Conocía el principio de un buen cimiento, pero mi propia vida estaba edificada sobre la arena movediza del miedo y la deuda.

Un versículo bíblico irrumpió en mi conciencia:

«*Si Jehová no edificare la casa, en vano trabajan los que la edifican*» (Salmo 127:1). Y yo llevaba años trabajando en vano.

Entendí el mensaje. Dios me llamaba a ser por dentro lo que yo pretendía ser por fuera. Solo que esta vez, la construcción era yo.

Dios me habló en mi mayor quebranto. No esperó a que yo estuviera limpio, ni descansado, ni sentado en la primera fila de la iglesia. Él no esperaba mi perfección; exigía mi obediencia.

Tras esa rendición, llegó la paz. Tangible. Física. El nudo crónico en mi pecho, ese que intentaba adormecer con humo de tabaco, simplemente desapareció. Como si un músculo que llevaba años apretado, finalmente se soltara. El coro de voces en mi cabeza —fracaso, impotencia, distancia— se retiró como una marea obediente. Respiré hondo y por primera vez en meses, el aire se sintió limpio.

Al amanecer, llamé a mi esposa. Le hablé atropelladamente, emocionado. El número. La hora. La náusea de la numerología. La búsqueda. Las palabras: «*Maestro Constructor*».

No fue una conversación más. Ella percibió el cambio incluso a través de la interferencia. Ya no le hablaba mi derrota, sino mi esperanza. Posee el don de diferenciar cuándo habla mi cansancio y cuándo lo hace la fe. Por eso, escuchó y creyó.

En los días siguientes, el agotamiento físico siguió ahí. La alarma de la 1:30 de la madrugada no dejó de sonar. Pero ahora tenía un propósito. Cada ladrillo que ponía bajo el sol abrasador se convirtió en una oración. **«*Construye*»**, me dictaba el alma.

El plano estaba sobre la mesa. El número 225 trazaba el inicio. La certeza de sentirme acompañado entre los escombros. La obediencia rara vez es un evento de una sola noche; es una decisión diaria. Y la mía estaba a punto de ser probada en el fuego.

Desde la cicatriz

Toda construcción del cielo comienza con un derrumbe en la tierra. Por eso, el Maestro Constructor tiene otro título, uno que solo conocen quienes han sido rotos y restaurados: Constructor de Cicatrices.

Él no te llama a construir desde la herida abierta que sangra y paraliza, sino desde la cicatriz que testifica el milagro. La herida te consume; te detiene, te hace gritar: «*¿Por qué a mí?*». La cicatriz susurra: «*Para esto*».

Es la evidencia de que sobreviviste. Es un tejido más fuerte. Es restauración. El Constructor de Cicatrices te entrega el plano, pero las coordenadas las decide Él.

Preguntas para el alma

- ¿Qué «número» o mensaje insiste en tu espíritu, aunque tu lógica lo rechace? ¿Lo estás resistiendo o rindiéndote a él?

- ¿En qué área de tu vida construyes fachadas para otros, mientras tus cimientos personales se agrietan?

- Si Dios te diera hoy tu «plano» personal, ¿estarías dispuesto a obedecer antes de comprender cada detalle?

Oración Final

Dios, filtra hoy la basura de mi vida. Dame el valor de dejar de trabajar en vano y la obediencia para construir sobre Tu plano, no sobre mi miedo. Transforma mis ruinas en cimientos. Amén.

2

ECO EN EL DESIERTO

*E*l Constructor de Cicatrices me entregó un plano y después, apagó la luz. El primer ladrillo no descendió del cielo envuelto en gloria; nació de un pacto susurrado por teléfono, construido a ciegas sobre el eco de Su voz.

La fe no es emoción; es obediencia

Una madrugada distinta

Aún digería la madrugada del 225 cuando el Cielo se cerró. No hubo más números brillantes ni voces tronantes. El llamado a construir se transformó en un plan clandestino, una operación diseñada en las sombras de mis turnos dobles; alimentada por oraciones desesperadas.

Me enfrentaba a una misión titánica que desafiaba toda lógica: traer a la libertad a mi esposa y a mis tres hijas desde Cuba. Sin embargo, la primera batalla no sería logística, sino emocional. La pieza maestra que debía mover primero, la de mayor peso, descansaba en la voluntad de mi esposa.

Esperé el instante preciso. El reloj marcó la 1:00 de la madrugada, rozando el límite para mi turno en la panadería. Mi compañero dormía ajeno, sumido en un sueño profundo, mientras la casa en Georgetown permanecía en absoluto silencio.

Marqué su número. El tono de llamada sonó una, dos, tres veces; un sonido metálico cruzando el océano hasta la isla. Ella contestó con cautela, con la voz pastosa del sueño interrumpido. Sabía que, en Cuba, las llamadas a esa hora suelen anunciar desgracias.

—*Amor. No te asustes. ¿Las niñas duermen?*

—*Sí... sí. Ellas duermen. ¿Pasó algo?*

La conexión se sentía frágil, sostenida solo por nuestra respiración. Con aleteos nerviosos retumbando en mis sienes, las palabras se amontonaron en mi boca, secas y urgentes, arañando por salir. Sabía que cualquier intento de suavizarlo sonaría falso, así que lancé la propuesta sin anestesia, dejándola caer con todo su peso.

—*Voy a sacarlas de ahí* —le dije.

Un silencio complejo al otro lado

—*Alexander...* —su voz regresó, un susurro frágil que temía ser escuchado por las paredes—. *¿Estás seguro? ¿Qué estás diciendo?*

—*Dios me llamó a construir* —dije, las palabras se sentían enormes, casi ridículas en mi boca, dichas desde mi precariedad—. *Ahora tengo que poner el primer ladrillo.*

—*Pero ¿cómo? Mi amor, ¿cómo? No tenemos nada.*

—*Aún no lo sé* —admití, sintiendo el vértigo de la confusión—. *No tengo dinero. Tampoco un plan detallado. Simplemente sé que debo empezar. Necesito que confíes en mí y que esto quede sellado entre nosotros.*

El arquitecto y la guardiana

Hice una pausa para dejar que la gravedad del momento se asentara.

—Nadie puede saberlo. Ni tu madre, ni las vecinas. Ni siquiera las niñas, todavía. Es demasiado peligroso. Si una palabra se filtra...

—Entiendo —respondió.

Sellamos un pacto. Ella se convirtió en la guardiana del secreto en la isla; yo, en el arquitecto de la huida en el exilio.

A partir de esa noche, nuestras llamadas cambiaron. Ella me pasaba munición para mi guerra emocional. La urgencia ya no era una idea abstracta; tenía olor, sonido y textura.

—No hubo pan hoy —me dijo una noche, una semana después. Su voz sonaba plana, lijada por el cansancio—. La fila daba la vuelta a la esquina. Y cuando llegué, se había acabado.

Escuché de fondo el ladrido agudo de un perro callejero y el portazo metálico de un vecino en Cuba. Sonidos de una realidad que me rozaba a la distancia.

—Y los apagones volvieron —continuó—. Anoche se fue la luz a las ocho. Tuvimos que prender la lámpara de keroseno para que las niñas comieran. La casa entera huele a humo.

La urgencia huele a humo

Cerré los ojos en mi habitación y el olor fantasma del keroseno me llenó la nariz. Imaginaba la fila del pan doblando la esquina como una procesión de resignación. Allá, protestar por el hambre, los apagones, o las horas en la fila es un riesgo que pocos asumen. Vivir con la carencia es la norma; quejarse, un peligro.

Ese paisaje cotidiano, tan frágil y real, constituía el combustible de mi sigilo. Cada detalle añadía una capa de urgencia a mi alma; un recordatorio de que mi obediencia no era opcional.

Pero Dios calló. Lo desconcertante no fue su mudez, sino la resistencia invisible. No enfrentaba oponentes de carne y hueso, pero todo se volvió cuesta arriba, como si caminara contra una frontera infranqueable.

Se acabaron los números en la madrugada y las señales directas. Solo el eco de la última instrucción: *Construye.*

Tuve que arrastrar la fe del espíritu a la materia. Cada dólar que lograba salvar —a veces veinte, a veces cincuenta, billetes arrugados con olor a yeso y harina— terminaba guardado en sobres de correspondencia vieja.

Creé mi banco personal en la esquina más oscura del cuarto, pegado a la pared. Levantaba el borde de la alfombra, justo donde la pata de mi cama la mantenía fija al suelo, y deslizaba el sobre con la ansiedad de un ladrón. Volvía a bajar la pata de la cama sobre la tela para borrar cualquier huella.

Antes de cruzar la puerta, miraba hacia esa esquina con paranoia. La desconfianza montaba guardia conmigo: *¿Y si alguien lo descubre? ¿Y si entran a limpiar y lo encuentran? ¿Y si me roban el único puente entre mi familia y yo?*

La prioridad absoluta era engordar esos sobres. El cigarrillo podía esperar, la comida podía reducirse a lo mínimo. Renuncié a todo lo que no fuera vital. Creé listas obsesivas. Organicé recibos. Guardé números de teléfonos.

Si el Constructor de Cicatrices callaba, mis pequeñas acciones —los clavos y tornillos de la obediencia— hablarían por Él.

Su silencio fue la fase más dura del entrenamiento: forzarme a caminar por convicción, no por emoción.

A avanzar sin sentir el aplauso del cielo, con la certeza desnuda de que Él me observaba, aunque su puerta pareciera cerrada con doble llave. Me aferraba al eco.

Mi fe se transformó. Dejó de ser la fe de los altares encendidos y las lágrimas fáciles durante la alabanza para convertirse en la fe del desierto: la que obedece sin oír, la que cree sin ver, la que avanza aún con el corazón temblando y las manos vacías.

Desde la cicatriz

El Constructor de Cicatrices no repite instrucciones. Las da una vez y espera que camines sobre el eco.

Su silencio no es ausencia; es pedagogía. Te fuerza a madurar. Te obliga a dejar de depender de la «caricia» espiritual diaria para empezar a depender de Su carácter eterno.

Cuando el Constructor de Cicatrices calla, no ha dejado de trabajar. De hecho, es cuando más profundo cava. Los cimientos más sólidos se asientan en la quietud absoluta. Si hoy solo tienes el eco de Su última palabra, eso basta. Constrúyele encima.

Preguntas para el alma

- ¿Cuál fue la última instrucción clara que Dios te dio? ¿La sigues obedeciendo, aunque ahora solo escuches su eco, o te has detenido esperando una repetición?

- ¿En qué área de tu vida estás esperando una señal espectacular, cuando en realidad debes actuar con la herramienta humilde que ya tienes en la mano?

- ¿Estás dispuesto a aceptar que el silencio de Dios puede ser también una forma de confianza en ti?

Oración final

Dios, afina mi oído para obedecer el eco de Tu última instrucción. Dame la fe del desierto para seguir construyendo en la quietud, confiando en que Tus cimientos se están asentando, aunque yo no pueda verlos. Recuérdame siempre Tu palabra:

«Es, pues, la fe, la certeza de lo que se espera, la convicción de lo que no se ve» (Hebreos 11:1). Amén.

3

LA FIRMA BAJO LA LLUVIA

Pensé que perder ese vuelo sería otro fracaso más en mi historial; no imaginaba que, bajo el diluvio de Washington, el Constructor de Cicatrices me esperaba detrás de una puerta.

La fe se mide en plazos imposibles

Una cuenta regresiva asfixiante

Después del pacto secreto con mi esposa, mi vida se redujo a llenar aquellos sobres bajo la alfombra. Cada dólar significó una batalla ganada al cansancio; comprar los boletos de avión constituyó activar la cuenta regresiva del plan.

Con el dinero que olía a humedad y sacrificio, contacté a la agencia de viajes Asap Tickets. La confirmación se materializó bajo el logo de Copa Airlines: vuelo programado para el 21 de mayo. Destino: Nicaragua.

Transcurrían los primeros días de marzo. Dos meses y medio constituían el margen que me concedía el destino —una cuenta regresiva asfixiante— para convertir la voz del 225 en una ruta de escape real.

Teléfono y libreta en mano, investigué procedimientos, devoré foros y absorbí información sobre requisitos migratorios para salir de Cuba. Mis hijas de nueve y catorce años necesitaban el consentimiento de ambos padres para viajar. Yo, como padre ausente en la isla, debía enviar mi autorización mediante una declaración jurada certificada y validada por el Consulado cubano en Washington D. C., que debido a la pandemia del COVID-19, era un búnker cerrado.

Seguí buscando durante varias horas infructuosamente. Al día siguiente, sin dar muchos detalles, pregunté a una amiga que tenía mucho tiempo viviendo en Georgetown. Efectivamente, ella me lanzó un salvavidas: me recomendó una agencia especializada llamada Opapeleo, que hacía la conexión con el Consulado.

Llamé. La persona de atención al cliente al otro lado —eficiente, sin emoción— me explicó el proceso como quien recita una receta de cocina:

—Debe firmar la declaración jurada ante notario público. Nosotros la presentamos al consulado por usted. El costo es 615 dólares por cada documento.

Hice el cálculo mental. Dos hijas menores. 1,230 dólares. Más lo que cobraría el notario. Mi «banco» bajo la alfombra había quedado raquítico tras la compra de los boletos.

—¿Y cuánto demora? —pregunté, algo tenso.

—Entre uno y un mes y medio, desde que recibamos los documentos.

¿Un mes y medio? Eso nos colocaba peligrosamente cerca de la fecha límite del 21 de mayo. Pero el verdadero mazazo descendió un instante después:

—Hay un problema adicional —continuó explicando—. Los notarios en Texas no tienen jurisdicción para este tipo de documentos que involucra ciudadanos cubanos residentes en la isla. Debe hacerlo en Louisiana, Florida o Washington D. C. Tenemos la dirección de un banco Wells Fargo aquí en Washington —añadió—. Tienen notario. Está cerca de nuestra oficina.

Colgué y evalué mis opciones. Louisiana implicaba logística lenta; estaba a nueve horas de Georgetown, no tenía auto y no sabía manejar. Tendría que ir en autobús, certificar los documentos para luego enviarlos por correo a Washington de todos modos. Tiempo y dinero perdidos. Florida exigía tiempo y un vuelo costoso para terminar dependiendo del mismo correo.

La opción con sentido: Washington. Un viaje relámpago. Certificar los papeles y entregarlos directamente a la agencia. Sin envíos, sin retrasos, sin intermediarios.

Esa noche volví a levantar la esquina de la alfombra, saqué los sobres y ordené los billetes para contarlos. Tenía lo justo para la agencia y un margen mínimo para el notario, el vuelo y una noche de hotel barato. La fe no es tener el tanque lleno; es tener lo justo para llegar a la siguiente estación.

El pacto con mi esposa permanecía sagrado. La decisión estaba tomada.

El error perfecto

Con premura organicé el viaje a Washington D. C. El primer error de mi plan resultó perfecto.

La persona que me llevaría al aeropuerto de Austin tuvo una complicación. Me recogió con el tiempo estrangulado. El tráfico se arrastraba, indiferente a mi urgencia. Yo miraba el reloj, luego la carretera, luego el reloj otra vez.

El *check-in* cerraba a las 9:30 de la mañana. Llegamos a la terminal justo en el límite. Agradecí. Bajé del auto con la mochila golpeándome la espalda. Corrí ignorando el dolor en las rodillas, esquivando maletas y personas lentas. Llegué al mostrador con el aliento destrozado.

—Lo siento —dijo el empleado, mirando su pantalla—. El *check-in* cerró hace cinco minutos.

Cuando lo natural habría sido quebrarme, la serenidad tomó el mando. En lugar de desesperación, había calma. Esa voz sin palabras, el eco conocido: «No te detengas».

La aerolínea me reubicó en el siguiente vuelo. Cinco horas de espera que no usé para lamentarme, sino para afinar cada detalle: la ruta al notario, la dirección del banco, el plan B. Descargué mapas. Escribí direcciones en un papel. Verifiqué cada número de teléfono.

Al aterrizar en Washington D. C., la ciudad me recibió con una amabilidad engañosa. Conseguí hotel, cené algo rápido y esa noche descansé con una certeza: el Constructor de Cicatrices está obrando, incluso en lo invisible.

Las puertas cerradas

Al amanecer, un aguacero oscurecía las calles. El agua golpeaba la ventana de mi hotel con furia, dando la impresión de que la ciudad misma quería expulsarme.

Llegué empapado al banco Wells Fargo. Me sentía pequeño, un obrero mojado en aquel edificio imponente.

—Disculpe, necesito un notario —dije.

La respuesta fue seca, sin mirarme a los ojos.

—Ya no tenemos ese servicio. Información desactualizada. Pruebe en la UPS de la calle M.

Salí del banco y caminé las cuadras que faltaban. La lluvia perdió su furia inicial; cedió a una llovizna fría y gris que calaba la ropa. Entré a la tienda UPS con la última reserva de mi esperanza. Había gente delante de mí enviando paquetes. Me formé en la fila, controlando la ansiedad, mirando cómo el empleado sellaba cajas con una calma exasperante.

El encuentro inesperado

Al llegar mi turno, solté la pregunta como una súplica:

—Buenas, ¿está el notario?

El empleado me miró con extrañeza.

—Aquí no trabaja ningún notario desde hace mucho tiempo —respondió.

—¿Y no sabe de algún otro notario cerca? —insistí.

—No, amigo. No tengo idea.

El «No» resonó en mi cabeza. Estaba en Washington, sin opciones, a punto de dar media vuelta y aceptar la derrota. Pero Dios suele esconder sus respuestas en los lugares más triviales. A veces, el milagro no desciende del cielo: está justo detrás de ti, esperando su turno en la fila.

—Yo sé de uno —dijo una voz a mis espaldas.

Me giré. El cliente que estaba detrás de mí en la fila. Había escuchado la conversación.

—Casualmente paso por esa calle de regreso —dijo con naturalidad—. Si quieres, te acompaño. Queda cerca.

Salimos de la tienda. Caminamos juntos bajo la llovizna ligera, dos extraños unidos por una coincidencia que se sentía guiada. Atravesamos por la esquina y avanzamos hasta la mitad de la calle. Allí señaló frente a nosotros. Era una casa de ladrillos rojos. Un letrero discreto de «Notaría» distinguía la entrada. Me despedí del extraño —un mensajero anónimo que cumplió su función y siguió su camino.

Toqué el timbre. Al abrirse la puerta, quedé atónito: la mujer en el umbral guardaba un parecido extraordinario con mi suegra. El mismo rostro, el tono de piel y esa mirada profunda inconfundible que yo conocía tan bien.

No era ella, lo sabía. Mi suegra estaba muy lejos, en Cuba. Pero el parecido era asombroso. Un eco de hogar en medio de una ciudad extraña.

—Buenos días —dije, tiritando—. ¿Usted hace certificaciones notariales?

Sus ojos cansados se iluminaron. Una sonrisa suave cruzó su rostro.

—¡Claro que sí! —dijo, con un acento caribeño inconfundible—. Esa forma de hablar... ¿de dónde eres, hijo?

—Cubano —respondí—. Vivo en Texas. Vine a certificar los papeles para sacar a mi esposa y a mis tres hijas de la isla.

Su sonrisa mutó hacia una profundidad distinta, trascendiendo la alegría para convertirse en puro reconocimiento.

—Pasa, hijo. Pasa. —Se hizo a un lado—. Quítate eso, que pareces un pollo mojado.

Luz Caridad

Entré. La sala olía a limpio, a café recién colado y a algo más... tal vez alcanfor, tal vez tristeza antigua. Era un espacio amplio y ordenado. Fotos en las paredes: la cronología de una familia congelada en sus mejores años. Un sofá con cojines cálidos. Un escritorio junto a la ventana, donde el agua simplemente empañaba el paisaje, incapaz de alcanzarme.

Me despojé de la chaqueta empapada y me sequé lo mejor que pude antes de sentarme. Ya frente al escritorio, busqué en el fondo de mi mochila. Al extraer la carpeta protectora, comprobé con alivio que la barrera de plástico había aguantado; el agua apenas había logrado morder las esquinas de los documentos. Lo esencial seguía intacto.

Mientras preparaba su sello notarial, me habló pausadamente.

—Soy cubana también —dijo—. Llegué a Estados Unidos a los nueve años. En balsa. Mi papá remó tres días para sacarnos de allá.

Hizo una pausa. Sus manos se detuvieron sobre los papeles. Miró por la ventana hacia la lluvia gris.

—Hoy no pensaba abrir la oficina —confesó y su voz bajó de tono—. Estoy de duelo. Perdí a mi nieta hace muy poco.

Un sosiego pesado se apoderó de la habitación. Ahí estaba yo, un padre luchando por salvar a sus hijas, frente a una abuela que acababa de perder a su nieta. La simetría del dolor alcanzaba la perfección.

—Pero algo me obligó a levantarme esta mañana. Algo... me dijo que tenía que venir. Que alguien me necesitaba. Que no podía quedarme en cama llorando.

Me miró directamente. Sus ojos brillaban. No de lágrimas, sino de propósito.

—Ahora sé por qué —dijo—. Dios me levantó de mi cama para ayudarte a ti.

Hizo una pausa y estampó su firma.

—Mi nombre es Luz Caridad.

Luz Caridad: un nombre que dejaba de funcionar como una identificación para convertirse en profecía.

El aire del apartamento se sintió diferente. Más ligero. Le conté con detalles mi odisea. La urgencia. El código 225. Los sobres bajo la alfombra. Los boletos. La agencia que cobraría 1,230 dólares. El mes y medio que tenían para procesar los documentos.

Ella escuchaba asintiendo, como si conociera mi historia. Firmó cada documento con un cuidado reverencial. Selló. Certificó. Sus movimientos eran precisos. Cuando terminó, saqué mi billetera. Ella levantó la mano con firmeza y cubrió la mía.

—No.

—Pero señora, es su trabajo...

—No —repitió—. Así como me llamo Luz Caridad, te doy esto como un acto de fe. Para que tu familia salga. Porque yo sé lo que es estar separada de los que amas.

Guardó los documentos en un sobre manila. Me lo entregó con solemnidad.

—Ve —dijo—. Y cuando tu familia llegue, acuérdate de mí. Acuérdate que Dios nunca te dejó solo.

Salí de ese apartamento con algo más que unos papeles sellados. Tenía la evidencia. El Constructor de Cicatrices me había enviado una señal viviente; una notaria que repartía luz desde su propio duelo.

La cascada y la lección

Los milagros continuaron en cascada. Cuando entré en la oficina de Opapeleo, respiré un pedacito de Cuba en Washington. Frases familiares, gestos conocidos. Alguien hablaba por teléfono: *«Asere, qué bolá, ¿cómo tú andas?»*. Esa frase coloquial me desarmó.

Me atendió un empleado cubano, pero con un matiz duro, ruso, en su acento; un descendiente de los años soviéticos en la isla. Revisó minuciosamente los documentos, pasando cada página bajo la luz para verificar los sellos de Luz Caridad. La serenidad de la oficina amplificaba el crujido del papel y mi propia ansiedad.

—Hay un problema —dijo finalmente, borrando cualquier rastro de calma—. El acta de nacimiento de tu esposa está ilegible en esta copia. La tinta está corrida. No puedo procesarla así. Necesito una actualizada. Ahora.

¿Ahora?

El empleado levantó la vista, serio. Me sostuvo la mirada un segundo y luego sonrió a medias.

—Resuélvelo. Que te manden una foto. Mientras tanto tengo buenas noticias. El Consulado actualizó sus términos y condiciones a causa de la pandemia, el proceso ya no tarda un mes y medio, sino una semana. También bajó sus tarifas, te vamos a devolver 130 dólares.

El Constructor de Cicatrices no se queda en la provisión. Devuelve con interés.

Salí disparado al portal de un negocio cercano. Llamé a mi esposa.

—Necesitamos tu acta de nacimiento. Nítida. Ya —le dije, con la voz estrangulada por la prisa.

—¿Cómo que ya? —preguntó ella, tensa.

—¡Muévete en fe, amor! —le grité—. ¡Corre donde el muchacho del escáner! ¡Que la limpie, que le suba el contraste, lo que sea, pero que se lea! ¡Esto se destrabó!

Ella corrió en Cuba. Yo esperé en Washington: treinta minutos de tensión insoportable. Entonces mi teléfono vibró. Una foto. El documento, ahora sí, legible. Lo reenvié al correo de la agencia.

—¿Sirve? —pregunté al entrar de nuevo.

—Sirve —dijo el empleado—. Todo listo.

Aquella mañana interioricé que tocar fondo no es el final: es el lugar exacto donde el Constructor de Cicatrices comienza su obra.

Cada puerta cerrada no había sido un rechazo, sino una redirección divina. El vuelo perdido, la información desactualizada del banco, el desconocido en UPS, el aguacero... fueron piezas de una coreografía divina para colocarme en el momento exacto frente a la persona exacta: Luz Caridad.

Los papeles llevaban sellos notariales. Mi corazón el sello de la Providencia. Muestra de la verdad del proverbio:

«El corazón del hombre piensa su camino; mas Jehová endereza sus pasos»(Proverbios 16:9).

Desde la cicatriz

Para el Constructor de Cicatrices, lo que parece rechazo es reubicación. Él orquesta los obstáculos; lo que percibimos como error de logística es lección de pedagogía divina. Cada desvío tiene coordenadas que Él ya trazó.

Él no envía ayuda genérica. Envía señales vivientes: personas con nombres proféticos, con historias paralelas, con dolores que las califican para sanar los tuyos. Reconócelas. No llegan por casualidad.

El Constructor de Cicatrices provee y devuelve con interés. No solo en recursos, sino en confirmación.

La próxima puerta cerrada no es un «detente»: es un «por aquí prohibido; sígueme».

Preguntas para el alma

- ¿Qué «vuelo perdido» o retraso en tu vida podría ser una redirección divina que aún no has reconocido?

- Cuando las puertas se cierran y el «aguacero» cae sobre tus planes, ¿tu primera reacción es la duda o la expectativa de que algo mayor se está preparando?

- ¿Has arriesgado alguna vez «todo lo que tienes» en obediencia a una dirección que no tenía lógica? ¿Qué pasó?

Oración final

Dios, enséñame a ver tus redirecciones donde yo veo rechazos. Dame la fe para confiar en el extraño que Tú envías, para confiar en que cada aguacero esconde un encuentro divino. Que cuando las puertas se cierren, mi primer instinto sea la expectativa, no el pánico. Que cuando llegue al fondo, recuerde que ese es el lugar exacto donde comienzas a obrar. Amén.

4

LUZ Y TORMENTA

El día que mi esposa me dijo: «Alexander, nos estafaron 9,500 dólares», no veía al Constructor de Cicatrices por ninguna parte. Aun así, desde el fracaso total de mis explicaciones humanas, mi voz rota declaró: «En una semana ustedes salen de Cuba».

La fe se prueba cuando todo se derrumba

Lo pequeño que sostiene

Al volver de Washington, el polvo del cemento se sentía como la arena en un reloj de cuenta regresiva. Cada día era un grano menos de separación, una mezcla de esperanza y ansiedad. Revisaba el correo con la obsesión de un náufrago buscando una señal de humo, entre el sudor y las manos manchadas de yeso.

Finalmente la vi. Una notificación resaltaba en la pantalla como un faro. *Asunto: Confirmación de recepción. Solicitud procesada.*

Los documentos firmados por Luz Caridad estaban en manos del Cónsul. Me senté sobre un andamio y quedé mirando suspendido en un punto donde los pensamientos dejan de ser palabras.

Pero la burocracia es una hidra; cortas una cabeza y nacen dos. Cuando el sobre de FedEx con los documentos legalizados llegó a mi puerta diez días después, se interpuso una dificultad. Para el resto del mundo, enviar un documento urgente es rutina: vas a DHL, FedEx o UPS y el problema está resuelto; funcionan en casi cualquier rincón del planeta. Pero Cuba habita en una dimensión diferente. Desde Estados Unidos las sanciones y el embargo convertían un simple envío postal en una operación imposible. Esas agencias, omnipresentes para los demás, tenían las puertas cerradas para mi familia.

La única opción posible consistía en encontrar a alguien de confianza que viajara a la isla. Pero en mi afán cotidiano de trabajo y ahorro, ignoraba por completo si algún conocido volaría pronto. Justo cuando me quedaba sin respuestas, El Constructor de Cicatrices movió una pieza en el tablero.

La conexión de la peluquería

En la panadería, Noyi, mi compañero de trabajo notó mi inquietud. Al explicarle mi dilema, prometió indagar. Esa misma tarde cumplió su palabra.

—Alexander, tenemos una amiga en común que vuela mañana en la madrugada a Buenaventura.

Buenaventura, una localidad situada a 12 kilómetros de donde vivía mi familia, demasiada coincidencia para ser suerte.

—Sí, hermano —continuó—, pero tienes que apurarte. Ella está en una peluquería ubicada detrás de tu antigua casa; sabes llegar de memoria. Tienes media hora para alcanzarla antes de que se vaya.

Colgué. Tomé el sobre como quien toma un testigo en una carrera de relevos y salté a mi bicicleta. Pedaleé volcando toda mi desesperación en las piernas. Ignoré el tráfico, los baches y el viento en contra. Sujetaba el sobre contra mi pecho con una mano, mientras la otra aferraba el manillar con una tensión casi dolorosa. Cada segundo contaba.

A medida que me acercaba, el zumbido de la sangre en mis oídos dio paso a una música suave que provenía del interior del local. El aroma a laca salió a mi encuentro, confirmando que había llegado. La puerta estaba abierta. Ella estaba sentada frente al espejo, con el cabello a medio arreglar, ajena a la carrera que yo acababa de librar. Al verme, empapado en sudor, se levantó de inmediato.

—Disculpa —dije, intentando recuperar el aliento—. Me dijeron que viajas esta madrugada.

—Sí —respondió, observando el sobre—. ¿Son los papeles?

—Sí. Para mis hijas. Mi esposa está en Las Tunas. Necesito que...

—No te preocupes —me interrumpió, tomando el paquete con delicadeza—. Yo misma se los llevaré hasta su puerta. No tendrán que ir a buscarlos. Te lo prometo.

Ese comentario estaba lejos de operar como una frase de cortesía; se volvió un compromiso.

—Gracias —fue lo único que pude articular.

Dos días después, la voz de mi esposa al otro lado de la línea confirmó el éxito de la misión.

—Alexander, ya los tengo. Tu amiga me los trajo a casa.

La farsa de Panamá

Con la autorización notarial en mano, mi esposa gestionó los pasaportes de las niñas. El plazo oficial: un mes. Para quien vive en una sociedad estable, treinta días son apenas una demora de calendario. Aburrida, pero segura. En Cuba, bajo la sombra de la escasez crónica donde a menudo no hay material ni para imprimir las libretas escolares, ese mes no era una garantía, sino una apuesta contra el azar. Treinta días que pasaron a rastras, pero que constituían evidencia de avance.

Fue durante ese compás de espera cuando se confirmó una noticia proveniente de las redes sociales: Panamá cambiaba sus protocolos migratorios. Ahora exigían una visa de tránsito para los cubanos que hicieran escala en su territorio. Nuestro itinerario, esos boletos de Copa Airlines comprados con tanto sacrificio para el 21 de mayo, dependían de esa escala para llegar a Nicaragua.

Para obtener la visa, había que concertar cita en la embajada panameña en La Habana. El proceso se gestionaba en línea: un formulario en el sitio web oficial. Parecía simple. No lo fue.

El formulario se habilitaba cuatro o cinco minutos al día de lunes a viernes. Con suerte, el solicitante lograba conectarse en el instante preciso, llenar los campos sin error, y enviar antes del cierre. El sistema estaba diseñado para el colapso; la escasez de tiempo delataba el preámbulo de un mercado negro.

La verdad resultaba innegable: un mercado negro prosperaba desde Panamá, donde personas con acceso vendían las citas a precios exorbitantes. En ese escenario donde la urgencia dictaba el costo, yo estaba en la primera fila de los desesperados.

Afortunadamente Noyi, el mismo amigo que me conectó con la viajera de Buenaventura reapareció con otra solución: conocía a alguien que vendía las citas. Tras una espera prudente, en el momento en que los pasaportes estuvieron listos, logré comprar los cuatro espacios, pagando el precio de la extorsión.

Mi esposa Linnet, preparó el equipaje mínimo y partió hacia La Habana. La acompañaba Ly, que a sus 18 años debía presentarse personalmente. Roci de 14, y la pequeña Karen de 9 años, quedaron en Las Tunas bajo el cuidado de su abuela materna. La ley eximía a las menores de viajar: su madre las representaría legalmente.

Se hospedaron en la casa de una amiga. Al día siguiente, con los documentos organizados impecablemente, acudieron a la embajada.

El funcionario detuvo la revisión y les devolvió la carpeta con un gesto mecánico.

—No puedo aceptarlos así. Estos documentos están certificados en Estados Unidos, pero falta la legalización del MINREX (Ministerio de Relaciones Exteriores de Cuba). Sin ese sello no tienen validez. Puedo procesar el registro de ustedes dos, pero para el trámite de las menores necesito los documentos actualizados.

Salieron en silencio. Esa misma tarde, contactaron a un gestor que, a cambio de una gratificación, facilitaría el trámite ante el MINREX. El pronóstico: de quince a veinte días.

Ante la falta de alternativas, regresaron a Las Tunas. Dieciocho días después, recibió la notificación: los documentos estaban listos. Compré nuevas citas, en esta ocasión únicamente para las menores, sometiéndome otra vez a la misma extorsión.

En este segundo viaje mi esposa fue directamente al MINREX. Recogió los documentos, ahora con el sello oficial cubano. Todo parecía estar en orden.

Al llegar a la embajada panameña, el caos gobernaba la entrada. Una multitud enardecida protestaba afuera, frustrada por la imposibilidad de conseguir citas. Ella se abrió paso entre la gente hasta entrar al edificio.

La funcionaria de turno revisó cada página y cada sello. Todo perfecto. Hasta que impuso una condición inaceptable.

—Señora, para procesar la visa de las menores, debo retener los documentos originales de autorización.

—¿Retener? ¿Por cuánto tiempo?

—El tiempo que tome el proceso. Y debo informarle que existe la probabilidad de que no se los devuelvan. Quedan archivados en la embajada.

Entregar los documentos originales significaba entregar la llave legal para sacar a las niñas del país si la visa era denegada.

—No, no puedo entregarlos.

Salió sin mirar atrás.

El ruido de la calle intentó tragarse sus palabras, pero la gravedad del momento era más fuerte. Entre los gritos y la confusión de la multitud que se colaban por el teléfono, su voz llegó clara, buscando dirección.

—Alexander... Salí con los documentos. En el Consulado querían archivarlos. Me negué a dejarlos. No solicité las visas. ¿Qué hacemos ahora?

La pregunta quedó suspendida en el aire. Sin visa, el itinerario de Panamá moría allí mismo. Pero entregar los originales hubiera sido quemar el puente de salida, dejándolas atrapadas y sin papeles. Era elegir entre perder hoy o arriesgarse a perder para siempre.

—Hiciste bien —dije, forzando la firmeza en mi voz—. Esos papeles son sagrados, son la llave de su libertad; no podías dejarlos rehenes en un archivo sin garantías. Regresa a casa. Dios abrirá otra puerta.

La solución de Aruba

Para ese momento, el tiempo nos pasó factura. Había tenido que reprogramar los boletos originales una vez, y luego otra. Cada modificación costaba dinero; cada extensión, una herida más.

Aquel sacrificio chocó frontalmente contra la burocracia del consulado panameño y las trabas del sistema cubano. El tiempo ganado aquí se desvaneció allá, multiplicado.

Llamé a la aerolínea y cancelé los cuatro boletos. La solicitud de reembolso quedó en gestión. Los días siguientes se convirtieron en un purgatorio de silencio y espera.

El reembolso seguía «en proceso»; los documentos, inútiles. La llamada diaria a mi esposa era calcada a la anterior:

—¿Alguna novedad?

—Nada todavía.

Aferrado a la fe, le decía: «Pronto compraremos nuevos boletos». Pronto. Una palabra sin fecha.

Intenté recurrir nuevamente a Asap Tickets, buscando la seguridad de lo conocido, pero la exención de visado decretada por Nicaragua para los ciudadanos residentes en la isla destapó la válvula de un éxodo masivo. Las agencias de renombre, ante la inestabilidad y el riesgo migratorio irregular, dejaron de gestionar conexiones aéreas para ellos.

Las rutas normales se cerraron herméticamente, empujándonos a buscar salidas en un mercado especulativo y sin garantías.

Aprovechaba un descanso, tirado entre los materiales de construcción, cuando el zumbido del teléfono me sacó del letargo. Al revisarlo, leí un texto escueto de Linnet: «Llámame cuando puedas».

—Alexander, el hijo de mi compañera de trabajo conoce a alguien que puede conseguir boletos directos a Nicaragua sin escala en Panamá.

—¿Quién es?

—No sé quién es, pero él lo recomienda como alguien confiable. Dice que ha ayudado a otras familias a salir del país.

Durante los cinco meses de espera, entre la cancelación de los boletos de mayo y aquel octubre, después de saldar cuanto gasto se incurrió, tenía ahorrado una suma considerable. Resucité el banco bajo la alfombra y con asombro comprobé que el fruto cubría el costo de los 9,500 dólares necesarios para comprar los boletos prometedores: vuelo directo Habana – Managua con Aruba Airlines sin visas de tránsito. Deposité el dinero en una cuenta bancaria en Bank of América, en los Estados Unidos.

Cuando se completó la transacción, recibí los códigos de reserva. Lucían legítimos. Número de vuelo. Aerolínea. Fechas. Nombres de mis hijas. Todo estaba ahí. Sin embargo, una corazonada fría me obligó a verificar.

Entré al sitio web de Aruba Airlines. La página no cargaba. Intenté de nuevo. Error de servidor. Probé desde otro navegador. Lo mismo. Busqué el número de atención al cliente. Llamé. Sonó y sonó sin respuesta. Intenté varias veces. Buzón de voz lleno. Cada intento era el mismo error de servidor. Hasta que una mañana, finalmente el sitio abrió. Busqué la sección de verificación de reservas. Ingresé los códigos. La página cargó y mostró un mensaje:

«Los boletos de Aruba Airlines se procesan directamente en el mostrador del aeropuerto el día del vuelo. Presente su código de confirmación y documento de identidad».

Parecía normal. O quizás yo necesitaba que lo pareciera.

Unos días antes del vuelo, un ciclón azotó la costa este de Cuba. El aeropuerto de La Habana había cancelado operaciones. El intermediario se comunicó conmigo para informar sobre la solución de la aerolínea:

—Alexander, hermano, debido a la inclemencia del tiempo la aerolínea reubicó a los pasajeros afectados. Ahora tu familia sale el 7 de octubre.

El 6 de octubre, mi esposa cerró las mochilas y emprendieron un viaje de 12 horas por carretera hasta La Habana con los documentos, los pasaportes y los códigos de confirmación impresos. Al amanecer del día 7, llegaron al aeropuerto José Martí. Sin contratiempos, se dirigieron al mostrador de Aruba Airlines, donde la agente procedió a ingresar los códigos de confirmación. Esperó. Frunció el ceño. Introdujo los datos nuevamente. Miró la pantalla. Luego miró a mi esposa.

—Estos boletos no existen en nuestro sistema.

—¿Cómo que no existen?

Linnet le mostró los mensajes, las capturas de pantalla, los números de vuelo, las fechas, los nombres. La agente llamó a un supervisor. Tras verificar, el supervisor negó con la cabeza.

—Señora, estos boletos son falsos. No hay reservación a su nombre ni al de sus hijas en esta aerolínea. Lo siento.

Instantes después, la voz al otro lado me transmitió la sentencia. Sonaba tensa, despojada de cualquier emoción inútil. No lloraba, pero sus palabras pesaban como lápidas:

—Alexander... tenías razón al desconfiar. Los boletos son falsos. Nos estafaron.

Sentí como el cero de la cuenta se extendía a mis venas. 9,500 dólares. No era dinero; era tiempo. Meses de vida convertidos en ceniza. Desde las ruinas de mi voluntad, ocurrió algo. No fue mi boca la que habló; fue la Fe usando mi aliento.

—No desempaquen. *En una semana ustedes salen de Cuba*. No sé cómo, pero en siete días estarán volando —declaré sin tener un centavo, sin un plan B.

Fue una declaración. El Constructor de Cicatrices usando mi voz. Linnet respiró profundo. Y sin cuestionarme, sin pedir explicaciones que yo no podía dar, simplemente dijo:

—Está bien. No desempaco.

El cronograma de siete días

Emprendieron el largo regreso a Las Tunas aferradas a esa certeza absurda. Al entrar nuevamente en la casa, donde la regla dictaba asumir la derrota y guardar todo, la promesa se cumplió al pie de la letra.

Las mochilas quedaron cerradas. La ropa lista. Los pasaportes en la mesa. Como si el vuelo siguiera programado. Como si la estafa nunca hubiera ocurrido. Un acto de fe irracional en medio del desastre.

Entonces, el Constructor de Cicatrices comenzó a trabajar a una velocidad divina.

Día 1: Estafa confirmada.

Declaración hecha.

Día 2: Reembolso aprobado.

A las nueve de la noche estaba exhausto, pero no podía dormir. Marqué el número de Copa Airlines una vez más. Les había explicado la situación: la cancelación había sido involuntaria, forzada por las circunstancias. Ellos conocían el contexto. Copa Airlines es panameña; estaban al corriente de las artimañas de su propio consulado en La Habana. Sabían lo que pasaba con las visas de tránsito, con las citas imposibles, con la burocracia diseñada para hacer sangrar. —Estamos revisando su caso —me habían dicho—. Le avisaremos.

Esa noche, el agente al otro lado de la línea respondió con una frase que sonó a providencia: —Señor Dominguez, su reembolso fue aprobado. 5,300 dólares.El depósito se hará en dos o tres días al mismo método de pago.

Una descarga de fe validó mi declaración. El Constructor de Cicatrices no estaba observando desde lejos. Estaba reorganizando. La provisión había comenzado a fluir.

Día 3: La llamada a España.

Aquella mañana, venciendo meses de distanciamiento, llamé a mi prima y a su esposo. No me guardé nada; les desgrané cada detalle: la estafa, los 9,500 dólares perdidos, la promesa que le hice a mi esposa y la semana que me quedaba. —Necesito pedirles un favor —dije, con la vergüenza apretándome la garganta—. Necesito un préstamo de 1,000 euros. Sé que es mucho, pero... —Te los prestamos —me interrumpió ella—. No te preocupes, primo, puedes contar con nosotros; la familia está para ayudarse. Cuando puedas lo devuelves, no hay prisa.

Un sí inmediato. Sin condiciones. Sin fecha de devolución.

Día 4: La casa en Cuba se vendió.

La había puesto en venta semanas atrás, al inicio del plan de salida. Un amigo aquí en Estados Unidos la compraría para su esposa y el acuerdo estaba concretado, pero la transacción se había estancado. Siempre existía un detalle: un papel pendiente, una firma, contratiempos inexplicables. Ese día, sin previo aviso, la venta se cerró. El dinero llegó: 7,500 dólares. No la semana siguiente. No en unos días. Ese día exacto.

Día 5: Dinero reunido.

Con el reembolso de Copa Airlines, el préstamo de mi prima y la venta de la casa, el dinero estaba completo, pero comprometido hasta el último centavo. La suma total se esfumaría en un movimiento: 12, 350 dólares para pagar los cuatro pasajes aéreos y el resto apartado rigurosamente para costear la travesía terrestre hasta llegar a México. No sobraba nada para imprevistos. No compraría boletos a ciegas; necesitaba certeza. Conseguí una agencia de viajes que vendía boletos reales y permitía pagar después de recibir la confirmación en la aerolínea. Esta vez llamé, verifiqué que los códigos existían en el sistema y procedí a realizar el pago.

Día 6: Confirmación de vuelo recibida.

Mi esposa en Cuba recibió los boletos en sus manos. Boletos reales. Con nombres reales. Con fecha real: 14 de octubre. Ruta: Santiago de Cuba – Jamaica – Santo Domingo – Managua.

Día 7: Salida.

Siete días. No seis. No ocho. Siete. Una semana exacta desde mi declaración. El estafador me había quitado el dinero, pero el Constructor de Cicatrices me devolvió el tiempo. El 14 de octubre, mi familia abordaba un avión en el aeropuerto de Santiago de Cuba.

Recordemos la promesa de Dios al profeta: *«Y os restituiré los años que comió la oruga»* (Joel 2:25).

Desde la cicatriz

El Constructor de Cicatrices sabe que tú no tienes las respuestas. Conoce que tu fe es débil. Y aun así espera que abras tu boca y declares lo imposible para Él tener material con que trabajar. Convierte tu declaración en su cronograma.

El Constructor de Cicatrices orquesta lo ordinario hasta convertirlo en milagro: reembolsos inesperados, primos solidarios, ventas que se concretan en el día exacto.

Tu boca rota es su herramienta favorita. Ábrela.

Preguntas para el alma

- ¿Qué estafa o pérdida reciente has interpretado como un final, cuando podría ser un desvío orquestado?

- En tu momento más bajo, ¿te atreverías a hacer una declaración de fe, incluso sin sentirla, para darle a Dios una palabra con la cual trabajar?

- Si hoy el Constructor de Cicatrices te susurrara «no desempaques», ¿dejarías tus maletas hechas, confiando en un vuelo que no ves?

Oración Final

Dios, cuando la «oruga» devore mi esperanza, dame la fe irracional para declarar tu milagro en medio de la estafa. No me dejes ahogar en la lógica demi pérdida. Toma mi voz rota, conviértela en tu cronograma, y restituye el tiempo perdido con tu precisión divina. Amén.

5

EL DÍA
PROMETIDO

*E*se despegue marcó el límite de mi control físico. Hasta ahí llegaron mis manos; desde ahí comenzaba la gestión del Constructor de Cicatrices. Ellas volaban hacia un escenario distinto, una ruta reescrita por la necesidad y el oportunismo. Mi trabajo consistía en guiarlas a ciegas por un mapa que se borraba y se dibujaba a cada paso.

Cuando el Mar Rojo se abre. La fe continúa

Determinación de guerra

—Papá, no sé si vamos a lograrlo.

Ly susurraba al otro lado de la línea. Su inquietud no se debía al vuelo, sino al temor a lo que acontecería posteriormente.

Detrás de ellas escuché el bullicio del aeropuerto: anuncios distorsionados por los altavoces, el arrastre metálico de maletas sobre el piso, el llanto agudo de un bebé. Y más cerca, casi un murmullo cargado de urgencia, mi esposa tratando de calmarlas.

—Amor, ¿estás ahí? —preguntó Linnet—. Todo está listo. Salimos en media hora.

Esa frase me provocó un vértigo similar al de un hombre parado en la orilla, viendo a su familia adentrarse en el mar sin poder seguirlas. La parte fácil llegaba a su fin.

Repasamos el plan por última vez, yo aparentando calma. Las reglas de la travesía: vestimenta discreta, comunicación mínima, no llamar la atención, mochilas con lo esencial, mantenerse siempre unidas. La misión inmediata consistía en salir de Cuba.

Desde Nicaragua, un coyote las guiaría a través de Honduras y Guatemala hasta México. El siguiente tramo —atravesar México hasta la frontera norte—exigía 10,500 dólares que yo debía reunir mientras esperaban en Tapachula.

Escuché el sonido de la notificación de WhatsApp. Fotos desde el aeropuerto. En la primera imagen estaban sentadas en una banca, rodeadas de rostros cansados. Imágenes de un lugar austero, con precios absurdos para unas imple botella de agua, el último aguijón del sistema que dejaban atrás.

Pero sus caras contaban otra historia. En la mirada de Ly percibí algo que me estremeció: no vi esperanza ingenua, vi determinación de guerra. Empujaba por las cuatro. Su mirada no era de huida. Era de conquista.

Otra foto minutos antes del abordaje. Frente a la puerta de embarque, mochilas en mano. La primera vez que subirían a un avión. La primera vez que saldrían de la isla. La primera vez que cruzaban una puerta que para tantos otros seguía siendo un muro infranqueable.

En el último mensaje, audio de WhatsApp; la voz de las tres, firme por encima del ruido de la terminal:

—Papá, el miedo se queda aquí. Nosotras nos vamos con Dios.

La voz de mi esposa selló la declaración:

—Sí. Nosotras nos vamos con Dios.

El coyote desaparecido

Quería celebrar. Gritar victoria. Más sentía la cruel incertidumbre de un padre que suelta la mano de sus hijas en medio de la tormenta.

El Constructor de Cicatrices abrió nuestro Mar Rojo. Yo sabía algo que ellas desconocían: el desierto que venía después sería más largo, más oscuro, más peligroso que cualquier cosa imaginada.

En esa breve espera en el aeropuerto de Santiago de Cuba, intercambiamos palabras de amor, pero, sobre todo, de aliento y fe. Minutos después, ellas ya estaban en el aire, rumbo a su primera escala en Santo Domingo.

La conexión digital fue nuestro puente, aunque intermitente. Un hilo de audios y textos que se cortaba en el cielo y revivía en tierra, donde confesaban el asombro ante lo nuevo: aeropuertos inmensos, acentos extraños,una realidad moderna que hasta entonces solo conocían a través del televisor.

«Aterrizamos en Santo Domingo. Sin problemas». «Conexión en Jamaica. Todo bien». «Llegamos a Managua. Dios es bueno».

Celebramos a la distancia. Fue una victoria silenciosa, una euforia contenida por la magnitud del escape.

Lo que no me contaron hasta después fue el impacto del mundo nuevo. Se detuvieron frente a las escaleras mecánicas como ante un animal feroz. Ly dio el primer paso, calculando el ritmo de los peldaños que aparecían bajo su mirada. Roci y Karen se aferraron a los pasamanos con los nudillos blancos, descendiendo con la rigidez de quien aprende a caminar. Mi esposa las siguió. En Cuba aprendió a aparentar seguridad; bajó con el cuello erguido, la vista al frente, la mandíbula apretada. Sus hijas no la verían temblar jamás.

El funcionario de Aduana revisó los documentos. Todo en orden. Pero «en orden» no significa «orientadas». Salieron al pasillo sin saber hacia dónde. Caminaron detrás de la gente, porque seguir siempre es mejor que quedarse inmóvil. Llegaron hasta el vestíbulo principal. Como sus teléfonos fallaban—algo que ya habíamos previsto—, ejecutaron el plan de inmediato: entraron a una tienda de la terminal y compraron equipos con línea local. Apenas tuvo señal, Linnet marcó mi número:

—No encontramos a nadie. No sabemos qué hacer. No sabemos hacia dónde ir.

—Quédense juntas. No se muevan. Alguien va a aparecer.

Fe ciega. Instrucción vacía.

El reloj marcaba las 9:00 de la noche en Managua. Las 10:00 de la noche en Texas.

Minutos después lo vieron. Un hombre entre el tumulto de la puerta de salida alzaba un cartel de cartón. Letras negras, trazadas con marcador. Una palabra que les aceleró el pulso:

ITALIA.

Italia, el nombre de la mascota de las niñas. Ahora la clave secreta. El código que yo había acordado semanas atrás con el coyote. La señal de que no estaban solas.

Mi esposa caminó hacia él con las tres niñas asidas a su cuerpo. Sin intercambiar palabras subieron a una camioneta blanca que las condujo a un hospedaje. La casa de seguridad donde pasarían los próximos dos días. El primer paso antes de comenzar la larga travesía.

Linnet me envió un mensaje desde el vehículo en movimiento: «*Ya vamos en camino*».

Un oasis de dos días

Al cruzar el umbral, no encontraron referencias. Vieron una casa inmensa, lujosa, paredes altas, pisos relucientes, con una piscina en el centro que les pareció mentira. Allí tendrían 48 horas de descanso. Dos días que fueron un oasis inesperado. Comida sin racionamiento, anécdotas del viaje, emociones que por fin podían nombrar, temores que al fin confesaron.

—Alexander, ¿sabes que aquí el internet no se duerme? —me dijo Linnet en un mensaje de audio, su tono con una mezcla de incredulidad y alegría infantil. Para ellas, acostumbradas a una conexión intermitente y vigilada, navegar sin límites parecía un milagro menor—. La comida, amor. Hay de todo. Y a un precio tan bajo que me resulta absurdo.

La fe dejó de ser una promesa y se convirtió en la evidencia tangible de un plato de arroz con frijoles, en una comunicación ininterrumpida sin pensar en el costo, en una noche de sueño sin sobresaltos. Ellas encontraron lo que la revolución les prometió y nunca entregó. La abundancia. Sin colas, sin apagones, sin vecinos que reportan.

Avanzaban con la fe del primer día de libertad, desde la distancia, con el terror de saber que estaban a punto de adentrarse en una ruta inhóspita sin retorno. Declaré sobre ellas el Salmo 23:4: *«Aunque ande en valle de sombra de muerte, no temeré mal alguno, porque tú estarás conmigo».* Yo no estaría allí. El Constructor de Cicatrices, sí.

El éxodo no comenzó cuando el avión despegó. Había comenzado siete días antes, cuando mi esposa, en un acto de fe pura, se negó a desempacar.

El día prometido inició en el momento exacto. El Constructor de Cicatrices abrió el Mar Rojo. Frente a ellas, se extendía el **Desierto de los Hombres.**

Desde la cicatriz

Con el Constructor de Cicatrices, la libertad no comienza cuando cruzas una frontera, comienza cuando decides creer que puedes cruzarla.

Tu frontera no es geográfica. Es la línea entre el miedo y la decisión. Crúzala.

El Constructor de Cicatrices abre el mar. No porque tengas el plan perfecto, sino porque das el primer paso. Lo que viene después no es tu responsabilidad calcularlo. Construir en lo imposible es su especialidad.

La promesa no llega como la pides. Llega como Él la diseñó.

Preguntas para el alma

- ¿Qué «miedo» has decidido dejar atrás, pero sigues cargando en tu equipaje emocional?

- ¿Qué «plato de arroz con frijoles» en tu vida está cargado de un milagro que te niegas a ver?

- Cuando la respuesta a tus oraciones te ha aterrado más que la espera, ¿cómo supiste que era Dios y no tu miedo disfrazado de prudencia?

Oración Final

Dios, cuando abras mi Mar Rojo, no me dejes celebrar en la orilla. Dame el valor para el Desierto de los Hombres. Camina con los míos donde mi mano ya no alcanza. Yo no puedo estar allí, pero Tú sí. Amén.

6

COLUMNA DE FUEGO

Papá, hay soldados subiendo a la guagua. El mensaje de mi hija llegó hasta Texas junto con una foto: tres autobuses detenidos delante del suyo, familias enteras obligadas a regresar. Yo conocía Honduras. Sabía que allí el futuro podía decidirse con el ademán de un hombre, y que solo el Constructor de Cicatrices podía estar de pie junto a ellas en ese pasillo.

En el vocabulario de la fe, «retroceder» es la primera palabra que se olvida

El cuarto autobús

Al llegar al primer retén fronterizo, la angustia les tensó el cuerpo. Tres autobuses repletos de migrantes que viajaban delante fueron inspeccionados y devueltos a Nicaragua sin contemplaciones. El salvoconducto que llevaban carecía de valor.

Atrapadas en el cuarto autobús, esperaron bajo un sol abrasador. Tres horas. El aire dentro del vehículo se espesaba. Calor, ansiedad y el olor dulzón, nauseabundo, de unas hallacas fermentadas que un vendedor ambulante ofrecía.

Viendo cómo los sueños de las familias en los otros autobuses se desvanecían, la esperanza comenzó a flaquear. Ellas serían las siguientes.

El golpe seco de botas contra el piso del pasillo cortó cualquier sonido. Un oficial inspeccionó los salvoconductos con parsimonia, papel sin garantía como los demás. Caminó entre los asientos, su mirada deteniéndose por un instante en los rostros de mis hijas. Mi esposa las apretó contra ella.

El hombre bajó del autobús. Lo vieron hablar con otros agentes. Cuando volvió a entrar, la tensión aumentó. Recorrió el pasillo una vez más, como buscando una excusa final. Entonces, un gesto con la cabeza al conductor. Casi imperceptible. Suficiente.

Contra todo lo que habían presenciado, el oficial autorizó el avance. Ninguna explicación humana alcanzaba. El Constructor de Cicatrices intervino.

Lo que siguió fue un martirio de treinta y seis horas para cruzar Honduras. El polvo de los caminos de tierra se adhirió a sus cuerpos como una segunda piel, áspera y sofocante, como si quisiera dejar su firma en ellas antes de soltarlas.

A mitad del trayecto el autobús se detuvo. El motor exhaló, murió sin aviso. Cuatro horas varadas en esa carretera olvidada, donde el horizonte no ofrecía respuestas. Karen lloraba en silencio; una tristeza contenida que dolía más que cualquier grito. Linnet la abrazaba, musitando promesas que no sabía si podría cumplir. No importaba. Las promesas de una madre no necesitan certezas.

Y como si esas promesas tuvieran el poder de convocar milagros, a las cinco de la mañana divisaron dos faros a la distancia. El autobús de rescate. El martirio de treinta y seis horas tocaba su fin. Las llevaron a un lugar que llamaban de descanso.

El sendero de los que no eligen

La escena que las esperaba no ofrecía consuelo. El «lugar de descanso»reflejaba un retrato crudo de la desesperación: suciedad acumulada, gritos, personas ebrias tambaleándose entre los cuerpos exhaustos. Sin privacidad. Sin seguridad. Sin dignidad.

No pudieron bañarse ni cambiarse de ropa. Llevaban dos días sin asearse. Pero el universo tiene formas extrañas de recordarte que sigues vivo. Bebieron agua y refresco, un manjar del cielo en medio del desorden.

El viaje continuó transformándolas. Una parte del trayecto por Honduras la recorrieron en un camión sin techo, a medianoche. A la distancia, esparcidas por las laderas, brillaban las luces diminutas de casas aisladas. Parecían faros suspendidos en la oscuridad, señales de vidas que no conocerían, hogares donde alguien dormía sin saber que un camión lleno de sueños desesperados pasaba cerca. Esas luces representaban techo, calor, permanencia. Brillaban como si quisieran decirles: *sigan, que hay destino al final del camino.*

Subían tan alto que la luna se veía como una masa colosal suspendida sobre sus cabezas, tan cerca que mis hijas juraron después que podrían haberla tocado si el camión subía unos metros más. La noche les mostraba su rostro más hermoso. El Constructor de Cicatrices les recordó que, aunque el camino fuera brutal, Él sigue pintando maravillas para quienes levantan la mirada.

El camión se detuvo. La vía se estrechó, apenas una cicatriz de tierra entre dos precipicios. Y en medio, bloqueando el paso, un carro abandonado. Todos bajaron. No hubo orden; hubo necesidad. Hombres, mujeres, hasta los adolescentes empujaron, jalaron, lo arrastraron hacia el borde del precipicio. Mis hijas también empujaron. Cuando el camino se despejó, continuaron sin mirar atrás.

De esta nueva etapa —las familias regresadas involuntariamente hacia Nicaragua, la parada sin consuelo, los camiones sin techo— supe apenas fragmentos. Mensajes que llegaban como señales de humo. Yo conocía Honduras. Había cruzado su territorio, conocí la mirada de sus oficiales cuando detectan la desesperación. El camino de ellas tomó la forma del sendero de los que no eligen; solo avanzan. Yo sabía suficiente para temer. No para protegerlas.

Para Dios eran sus hijas

La última prueba para entrar a Guatemala fue la tierra misma. Desde el escondite podían ver la frontera: los uniformes, las señales, los muros invisibles que separan un país de otro. Los guías hablaban en voz baja, intercambiando miradas que no necesitaban traducción. El cruce estaba complicado. Había huelgas en las calles. Protestas. Y entre los gritos de la multitud, un nombre repetido con rabia: *cubanos*.

Ciertos privilegios en el cruce de fronteras —reales o imaginados—convirtieron a los cubanos en blanco fácil del resentimiento. No importaba que mis hijas fueran niñas. No importaba que Linnet cargara el peso de cuatro vidas sobre sus hombros. Para la turba, representaban al enemigo. Para Dios, eran sus hijas. Y esa tarde, la opinión de Dios bastaba.

Esperaron. El tiempo no se mide igual cuando estás escondido. Cada minuto pesa. Cada ruido es una amenaza. Cada silencio, una oración.

Cuando los guías dieron la señal, comenzó el ascenso. Una colina empinada, casi vertical. Llovía. El lodo convertido en enemigo. Los zapatos resbalaban, las piernas cedían, luchaban contra la gravedad. Avanzaban aferrándose a raíces, a piedras, a la fe. La montaña no regala nada. Hay que arrebatarle cada metro.

Descendieron hasta el río, y el río les mostró su oferta: troncos secos tendidos sobre el agua, una promesa de madera que podía romperse en cualquier momento. Cruzaron con los brazos abiertos, como equilibristas del miedo, los pies buscando firmeza en madera que no la prometía. Los troncos se quejaban bajo el peso de la caravana. El agua corría abajo, testigo indiferente de su apuesta. Porque en el vocabulario de la fe, «retroceder» es la primera palabra que se olvida.

Al otro lado, sus cuerpos confesaron lo que sus voluntades callaban: estaban vacías. Vaciadas de fuerza, de reserva, de todo lo que el cuerpo guarda para sobrevivir. Pero el Constructor de Cicatrices tiene una economía inusual: en ocasiones te vacía para poder llenarte de algo mejor.

«*Guatemala*».

Pronunciaron el nombre como quien exhala una oración respondida.

La carretera emergió entre la vegetación como una señal que el Constructor de Cicatrices dejó para ellas. La evidencia de que alguien las esperaba del otro lado. Y allí estaba la prueba: un auto con el motor encendido, la puerta abierta, un conductor que no pidió explicaciones. No preguntaron quién lo enviaba. Hay preguntas que la fe no formula. Simplemente confía. Simplemente sube. Simplemente avanza.

El auto las tragó con la misma naturalidad con que el monte las había escupido. Kilómetros de silencio. Se abandonaron contra los asientos como quien suelta un peso que cargó demasiado tiempo. Las niñas se durmieron antes de la primera curva; Linnet luchó contra sus párpados, vigilante hasta el final, incapaz de soltar la guardia, aunque todo indicara que podía.

Cuando el auto se detuvo, ya caía la noche.

Un hotel modesto. Cuatro paredes. Una cama. Un baño con cerradura. Para quien arrastra un agotamiento crónico, eso es un palacio. Pero el verdadero confort era el agua caliente cayendo sobre cuerpos. La paz no se manifestó en el silencio de la habitación, sino el sonido de la cerradura en la puerta del baño

—ese clic metálico que pronuncia una verdad: *aquí nadie puede entrar sin tu permiso.*

Esa ducha no lavó solo el cuerpo. Lavó la vergüenza de haber sido tratadas como ganado. La ropa limpia no cubrió solo la piel. Cubrió las heridas que nadie ve, pero todos cargan. Ese instante de privacidad —tan ordinario para unos, tan sagrado para ellas— fue una resurrección.

La promesa ardiente

Mientras ellas renacían en Guatemala, yo moría un poco cada hora en Texas. Roto por lo que recordaba de mi propio cruce y por lo que ellas alcanzaban a contarme, hice lo único que me quedaba: clamar a Dios.

Y Él respondió. No con una solución, sino con una promesa. Una imagen clara ardió en mi mente:

«Una columna de nube las acompaña en el día, y una columna de fuego en la noche».

Como en el Éxodo. Como a su pueblo escogido.

«Y Jehová iba delante de ellos de día en una columna de nube para guiarlos por el camino, y de noche en una columna de fuego para alumbrarles...» (Éxodo 13:21).

La oración se transformó en certeza.

Desde la cicatriz

El Constructor de Cicatrices reparte como Él entiende. Tu mérito, tu lógica, carecen de importancia al reconocer que sin Él no pasas. Él te favorece. No cargues culpa. Carga gratitud.

La columna de fuego ilumina hoy el «hacia dónde». Ya el por qué y el dónde quedaron atrás.

El Constructor de Cicatrices no te debe explicaciones. Te debe presencia. Y siempre paga.

Preguntas para el alma

- En medio de tu prueba más dura, ¿buscas una salida inmediata o la certeza de una compañía divina que te guíe a través de ella?

- ¿Qué «ducha caliente» —qué pequeña bendición— has recibido recientemente que, si la miras bien, fue una verdadera resurrección para tu espíritu?

- ¿Estás permitiendo que tu propia incapacidad de controlar una situación se convierta en el lugar donde Dios puede mostrarte su poder?

Oración Final

Dios, cuando no pueda proteger a los míos, sé Tú su columna de fuego. Enséñame a confiar en tu guía en la oscuridad, sabiendo que no siempre calmas la tormenta, pero siempre caminas con nosotros a través de ella cuando apenas podemos ver el próximo paso. Amén.

7

EL CRUCE

*M*i esposa, que le teme al agua profunda, subió a una balsa improvisada con nuestras hijas; más adelante, un puente viejo y desvencijado las esperaba, suspendido sobre el vacío mientras una de ellas ardía en fiebre. El Constructor de Cicatrices emitió su veredicto: «No son de azúcar... son guerreras».

La balsa ayuda a cruzar; la fe te lleva a la orilla

El desierto de los hombres

El amanecer en Guatemala no trajo descanso. Trajo la orden de marcha. Un desayuno que no llenaba. Al efectuar el pago de este trayecto, conocieron en persona al jefe de la operación: el hombre cuya voz sin rostro las había guiado por teléfono. Antes de partir, les entregaron un número: **Seis**. Dejaron de ser una madre y tres hijas para convertirse en el «grupo seis». Así funciona el negocio de la esperanza: te quita el nombre y te da una cifra.

El autobús las esperaba sin espacio para ellas. Los cuerpos desbordaban puertas y ventanas. Mi esposa empujó. Suplicó. Negoció con los codos lo que las palabras no conseguían. Después de una batalla silenciosa, lograron trepar y sentarse sobre sus mochilas en el pasillo.

Guatemala desplegó su geografía brutal. Curvas que se abrían sobre precipicios. Barrancos que tragaban la luz. Pendientes donde el autobús parecía desafiar la gravedad. Mis hijas cerraban los ojos en cada giro; el vértigo no las soltaba. Las cinco horas prometidas se estiraron hasta doce. El tiempo también mentía.

Al llegar al destino bajaron de prisa. Un descampado con autos y voces que gritaban números. Conductores con listas en mano llamaban a su carga como en una subasta. «¡Tres!». Un grupo se movía. «¡Cinco!». Otro corría. El desorden poseía su operación matemática.

—¡Seis!

Mi esposa levantó la mano. Las guiaron hasta un auto donde ya esperaban tres personas pertenecientes al mismo grupo seis.

El conductor no toleró quejas. Cerró las puertas, apagó el motor y ordenó:

—Operativo policial. No nos movemos hasta nueva orden.

Tres horas y media estacionados. Horas en las que se prohibió moverse o abrir las ventanas. Linnet con Karen sobre las piernas. Ly y Roci permanecían comprimidas contra una de las puertas. Los cuerpos de los compañeros de travesía pegados al de ellas. Afuera, las patrullas pasaban. Adentro, el silencio imperaba. Cada sirena, una amenaza.

A las 4:25 de la madrugada, el conductor recibió el mensaje. Vía libre. Se reanudó la marcha hacia la frontera guatemalteca con México. La última parada: un campo sin nombre, donde la sombra escasa de un árbol se convirtió en el mayor tesoro. Bajo el cielo abierto, tomaron agua, comieron pan y cayeron rendidas sobre la hierba, entre las vacas que deambulaban cerca. La calma duró poco. Un aguacero las puso de pie.

Yo trabajaba cuando recibí una foto: cuatro bultos humanos tirados bajo ese árbol. El mensaje de mi esposa: *«Ya casi estamos en México»*. Pero distinguí en esa imagen algo más que cansancio. Veía la línea delgada entre la resistencia y el colapso.

La orden del guía resonó bajo la lluvia: «¡Avancen!». El agua caía sin piedad. Caminaron media hora por terreno escabroso, los pies hundiéndose con cada paso, la ropa empapada pesando el doble, las mochilas transformadas en lastre sobre sus espaldas.

Entonces allí estaba: una barricada de piedras gigantes apiladas por la naturaleza, formando una barrera entre ellos y el río. No había camino alrededor. Solo a través. Solo arriba. El fango en los zapatos convertía cada superficie en pista de patinaje. La lluvia no cesaba. Las manos resbalaban.

La caravana se transformó en familia improvisada; la frontera entre extraños se rompió. Los hombres se posicionaron primero. Tendieron brazos a las mujeres. Levantaron niños sobre sus hombros. Pasaron mochilas de mano en mano. No calcularon esfuerzos. En ese muro de piedras, manos desconocidas izaron a mis hijas. Manos que el Constructor de Cicatrices había puesto exactamente allí.

Del otro lado, bajaron por un barranco frenando con los talones. Cayendo y levantándose. Cayendo y levantándose otra vez hasta llegar al borde del río. Sobre el agua flotaba la esperanza: decenas de balsas improvisadas esperando su carga humana.

El terror hecho líquido

Para Linnet, el rugido del agua significaba más que un sonido. Su terror se transformó en líquido. Nunca aprendió a nadar; el agua profunda representaba su enemigo íntimo. Y ahora, frente a ella, un caudal ancho, indiferente a quien intentara cruzarlo. Ahogando el pavor, subió con nuestras hijas a un cascarón de madera sobre neumáticos inflados. Más de veinte almas se apretaban, orando en silencio.

Con cada bandazo, el agua oscura golpeaba los bordes. La balsa se escoró en un ángulo mortal. Alguien gritó. Linnet cerró los ojos y apretó las manos de las niñas, elevando una oración que solo Dios y el río podían escuchar: *«Cristo, Tú que caminaste sobre el agua, sostén esta madera».*

Cuando sus pies pisaron la orilla, pisaron México. Tocaron también el borde donde terminan las fuerzas humanas. Pero el Constructor de Cicatrices les mostró algo que el río no enseñaba: la balsa ayudó a cruzar, pero la fe sostuvo. Sin la segunda, la primera habría sido simplemente madera a la deriva.

El fuego

No sabían que el fuego ya viajaba con ellas. Comenzaba un sendero de difícil acceso que trepaba entre la vegetación. Aún del lado de México llovía. Y a la distancia, el sonido que temían escuchar: sirenas.

El espanto se apoderó del grupo; se debatían en la duda de si serían los oficiales de Emigración. La incertidumbre tiene el mismo efecto que la certeza del peligro: te hace correr. Y corrieron. Hombres, mujeres, niños, todos desesperados por alcanzar las furgonetas que aguardaban más adelante.

Mi esposa cargó a las niñas hacia el interior. Apenas había espacio. Se comprimieron en un asiento junto a un hombre que sostenía a su hijo. Seis personas en un asiento. Las piernas de mi esposa, aplastadas bajo el peso de tres cuerpos, se acalambraron. Cada curva imponía un reacomodo de extremidades que ya no sentían. Dentro de ese amasijo humano, Linnet notó algo: la frente de Karen quemaba. La fiebre había comenzado. En ese instante, dejó de contar las curvas. El calor de esa frente pequeña captó toda su atención.

La furgoneta se detuvo frente a una choza vieja de madera, cuyo portal funcionaba como mercado improvisado para los que cruzaban. Allí vendían lo que la urgencia necesita: chips para teléfonos, agua embotellada, comida rápida. Compraron un chip mexicano. Compraron agua para calmar la sed de la pequeña.

Desde ese portal, Linnet activó el teléfono y me envió tres palabras que cruzaron el continente como un cuchillo: *«Karen con fiebre»*.

La niña ardía. Con el brillo vidrioso en los ojos, propio del agotamiento y la enfermedad cuando se alían contra un cuerpo pequeño. Sus dos hermanas la miraban sin saber qué hacer. Linnet le daba sorbos de agua, le ponía paños húmedos sobre la frente, pero el calor no cedía. La atmósfera sofocante de aquella choza conspiraba contra cada intento de alivio. Sin medicinas, la zozobra de una madre velando a su hija y el eco de aquellas sirenas que aún resonaban en su memoria.

Recibí ese mensaje con las manos hundidas en la masa, en medio de mi turno en la panadería. La harina se volvió ceniza entre mis dedos. El ruido del horno, el zumbido de las máquinas, las voces de mis compañeros, se apagaron. Mi niña ardía a miles de kilómetros, y yo amasaba pan.

La impotencia es un veneno lento. No mata: corroe. Te pudre por dentro mientras finges estar bien.

Solté la masa. Salí al callejón. El mismo callejón donde meses atrás fumaba para acallar las voces del fracaso. Pero esta vez no busqué un cigarrillo. Busqué el cielo. El cielo frío de Georgetown, indiferente a mi dolor, pero no sordo a mi clamor.

Y oré. Fue un rugido contenido. Un gemido que no tenía forma ni gramática. El grito de un padre en desesperación, la súplica de un hombre que ha tocado su propia inutilidad. Clamé desde lo profundo, como el salmista:

«De lo profundo, oh, Jehová, a ti clamo. Señor, oye mi voz» (Salmo 130:1-2).

Y Él respondió. No con una sanidad instantánea. No con un milagro que yo pudiera ver. Respondió con una certeza que atravesó la distancia:

«No puedes estar allí. Pero Yo sí estoy».

Me aferré a esas palabras como quien se aferra a lo que le queda cuando todo lo demás se ha derrumbado.

El puente colgante

Ellas, mientras tanto, continuaban. La pequeña aún ardía, pero caminaba. Linnet la llevaba de la mano, sintiendo el calor como un recordatorio constante de lo que estaba en juego.

El grupo avanzaba a pie por senderos que la noche borraba. Sin linternas, con el instinto de seguir al de adelante. Se ocultaban cada vez que un sonido rompía el silencio: una rama, un motor lejano, el eco de voces.

Llegaron al puente. Una reliquia colgante que se balanceaba sobre un abismo invisible. Las cuerdas que lo sostenían parecían hechas más de terquedad que de fibra. Los tablones de madera, quebrados por la humedad y castigados por el peso de cientos de cuerpos antes que ellos, crujían como huesos viejos bajo cada paso.

Se detuvieron. Cada cual esquivaba el riesgo de ser el primero. Ly dio un paso al frente. Tenía una madurez que no había pedido, forjada a golpes de miedo y responsabilidad en el trayecto. Miró a su madre. Miró a Roci y a Karen diciendo:

—Vamos. Dios no nos trajo hasta aquí para dejarnos caer.

No esperó respuesta. Avanzó hacia el puente. La madera gimió bajo su peso. El puente se meció. Ella no se detuvo.

Las demás la siguieron. Mi esposa iba al final, sujetando con fuerza a Karen. Cada paso una negociación con el vacío. Los tablones que faltaban obligaban a saltar o a aferrarse a las vigas laterales donde apenas cabía un pie. El puente se balanceaba con cada ser que lo cruzaba, como si quisiera sacudirse de encima a los intrusos.

Alguien lloró. Otro rezó en voz alta. Mi esposa solo repetía una oración que le nacía del alma:

—Dios nos sostiene con su mano. Dios nos sostiene con su mano. Dios nos sostiene con su mano...

Del otro lado, no celebraron. Sintieron un alivio que sabía a pura supervivencia.

Tapachula

A unos metros esperaban los taxis. Y con ellos, la última frontera de esa noche: la desesperación humana en su forma más cruda.

La lucha por subir a uno se tornó feroz. Ya el número seis carecía de valor. Ninguna cortesía sobrevive a tanto miedo acumulado. Empujones, manos aferradas a las puertas como garras, cuerpos que se lanzaban contra otros cuerpos por el derecho a no quedarse atrás. El mismo grupo que horas antes cruzó el muro de piedras gigantes en total solidaridad, ahora competía por un asiento.

Linnet abrazó a la pequeña febril y avanzó con la fuerza silenciosa de una Leona que protege a su cría. Entre forcejeos y lágrimas, logró hacerse espacio para las cuatro.

Tapachula. No importaba cómo; habían llegado. Los detalles del trayecto se disolvieron en el agotamiento. Distancia que el cuerpo recorrió, pero la mente no registró.

En Georgetown, terminaba la jornada de la panadería. Mientras caminaba hacia mi habitación con los músculos gritando y el alma en vilo, mi espíritu recibió una certeza. La voz del Constructor de Cicatrices, hablándome de ellas:

«**No son de azúcar... son guerreras**».

Me detuve en medio del pasillo. Las palabras resonaban. No eran mías. Eran Suyas. Y en ese instante supe que cruzaron algo más que un río y un puente. **Atravesaron el umbral de quienes eran antes**.

Pasaron un río que las aterraba. Caminaron con fiebre cuando no había medicinas. Franquearon un puente que amenazaba con derrumbarse bajo cada paso. Lucharon por un taxi cuando el mundo se convirtió en enemigo. Y llegaron.

El Constructor de Cicatrices les mostró algo que ningún mapa podía enseñar: el puente más fuerte no surgía de la madera ni de las cuerdas. Surgía de la fe. Una fe cicatrizada por el fuego del camino, templada por cada prueba, más resistente que cualquier estructura que el hombre pudiera construir.

Esa fe les sostuvo cuando las piernas no podían. Esa fe las cruzó cuando el miedo las paralizaba. Esa fe las convirtió en lo que ahora eran: **Guerreras**.

Desde la cicatriz

El Constructor de Cicatrices no fabrica criaturas de azúcar. Forja guerreras y guerreros.

No te quita el río. No repara el puente. No enfría la fiebre con un milagro instantáneo. Hace algo más profundo: te revela lo que ya llevas adentro. La fuerza que el miedo te había ocultado. El coraje que la comodidad nunca te exigió usar.

Esa fuerza no aparece cuando el peligro termina. Aparece en medio de él. Justo cuando crees que no puedes más.

Cruzas. Temblando, pero cruzas. Llorando, pero cruzas. Con fiebre y sin medicinas, pero cruzas. Sobre madera podrida y cuerdas que gimen, pero cruzas.

El Constructor de Cicatrices no te carga para evitarte el sufrimiento. Te entrena para que lo atravieses. Y cuando llegas al otro lado —jadeando, roto, transformado— conoces la verdad que el valle ocultaba: Él iba delante. Abriendo caminos que tus ojos no podían ver. Sosteniendo lo que tus manos no podían agarrar. Construyendo puentes invisibles donde tú veías abismos. El Constructor de Cicatrices no evita el desierto. Te da la Columna de Fuego para atravesarlo.

Preguntas para el alma

- ¿Qué «puente colgante» tienes que atreverte a cruzar hoy, confiando paso a paso aunque todo tiemble?

- ¿Cuál es el «miedo al agua» que te paraliza, y qué acto de fe se requiere para subir a la balsa a pesar de él?

- Cuando te sientes impotente, ¿reconoces tu rol como el que ora, el que coordina, el que sostiene desde la distancia? ¿O sólo ves lo que no puedes hacer?

Oración Final

Dios, cuando me sienta impotente, recuérdame mi rol: orar con furia. Cuando el puente tiemble para los que amo, revélales que la fuerza para cruzar ya está dentro de ellos. Sostenlos en el abismo y sé su paz en el lugar donde se encuentren. Y cuando lleguen al otro lado, ayúdame a recordar: no cruzaron solos. Tú ibas delante, construyendo lo invisible. Amén.

8

EL PRECIO DE CRUZAR

*M*is manos ya no respondían sobre la masa. Mi mente sangraba sobre una cifra: 10,500 dólares. Un gigante erguido entre mi familia y la libertad. El Constructor de Cicatrices no solo me preparaba para pagar el precio, sino para forjar en mí al hombre capaz de pagarlo.

La libertad no se paga; se forja

Un fantasma en la panadería

Tapachula, antesala de la última frontera. Habíamos cumplido dos hitos difíciles: salir de Cuba y sortear todos los obstáculos hasta llegar a México. Pero el tercero, trasladarse hasta el extremo norte del país azteca y pasar al otro lado, no representaba una cuestión de fe, sino de fondos.

Llegaron con los bolsillos vacíos y el alma llena de determinación para avanzar. Yo sentía el peso de esa confianza. La cifra que nos separaba del siguiente paso se agigantaba ante nosotros: 10,500 dólares para mover a cuatro personas a través de México. Los números no cuadraban, pero me aferraba a una verdad simple: ***El Dios que abre el mar no deja que te ahogues en la orilla***.

Mi vida se disolvió en dos estados: oración y agotamiento. Me convertí en un fantasma persiguiendo el próximo dólar. El cuerpo aullaba. Las manos, agrietadas como tierra seca, a veces sangraban. La espalda se sentía como un arco tensado hasta el límite.

El agotamiento físico no lograba apagar el impulso de seguir; el verdadero enemigo se encarnaba en el agotamiento del alma.

Cada vez que el cansancio amenazaba con derrumbarme, recordaba la última frase de mi esposa: «Estamos contigo». Esas palabras poseían el combustible que necesitaba.

Reduje mi existencia a la supervivencia. Mi dieta: pan y huevo. Mi ruta: del trabajo a la cama. Cada centavo lo alzaba con la dignidad de lo sagrado, dividido con la precisión de un cirujano: una parte para mantenerlas a flote en Tapachula —renta, comida, los minutos de teléfono que representaban el nexo que nos mantenía unidos—; el resto terminaba en el escondite secreto que crecía con una lentitud desesperante.

Los números se volvían verdugos. Hacía cuentas en un cuaderno hasta que los ojos me ardían. Cuánto tenía. Cuánto faltaba. Entre ambas cifras había un hueco que no sabía cómo llenar. Hubo días que llamaba a mi esposa y apenas se me escapaba la voz para decir: «Todavía no. Pero pronto. Te lo prometo, pronto».

La fe no hizo innecesario el esfuerzo; le dio una dirección. Esa dirección forjó una disciplina que sostenía mi cuerpo cuando mi mente quería rendirse.Pero necesitaba más. Necesitaba un ancla.

El ancla de Costa Rica

Esa ancla la obtuve tiempo atrás en Costa Rica. Un papel escrito a mano que cargué en el bolsillo hasta que las letras casi desaparecieron. Lo leía varias veces al día, aunque me tomó meses memorizarlo. Lo había desechado al llegar a Texas, creyendo que ya no lo necesitaba. Pero en mi impotencia, las palabras regresaron. Ya no desde el papel, sino desde un lugar donde se grabaron sin que yo lo supiera. Una declaración de fe que se convirtió en mi armadura de madrugada. No simbolizaba una oración de súplica, sino un decreto de certeza.

«Avanzo y crezco durante el día y por la noche. Dios me dio todas las cosas buenas para que las disfrutara. Dios es la fuente de mis suministros: de energía, salud, vitalidad e ideas creativas. Dios es la fuente del sol, del aire que respiro, de la manzana que me como y del dinero que hay en mi bolsillo.

Nací para tener éxito. Nací para ganar. El Espíritu Santo en mi interior siempre tiene la razón. La ley y el orden divino gobiernan mi vida. La paz divina llena mi alma. El amor divino satura mi mente. La inteligencia de Dios me guía por todos mis caminos.

Las riquezas de Dios fluyen hacia mí libres, alegres, inacabables e incesantes. Estoy avanzando y creciendo mental, espiritual, económicamente y de todas las demás maneras. Sé que estas verdades de Dios están profundizando enmi mente subconsciente; sé y creo que aumentarán y se manifestarán».

Repetir estas palabras no era magia; era enfoque. Era alinear mis manos rotas con el principio eterno:

«Sino acuérdate de Jehová tu Dios, porque Él te da el poder para hacer las riquezas» (Deuteronomio 8:18).

Desde la cicatriz

Cuando El Constructor de Cicatrices nos llama a cruzar un desierto, no solo prepara el camino; nos prepara a nosotros para el camino.

Cada hora extra, cada comida que nos negamos, cada centavo ahorrado… no son sacrificios: son inversiones en su plan.

El Constructor de Cicatrices no mueve la montaña de un día para otro, pero nos da la fuerza para escalarla. El precio de la libertad no es solo lo que damos. Es en quién nos convertimos mientras lo estamos dando.

Preguntas para el alma

- Por aquello que amas, ¿qué estás dispuesto a invertir hoy, no solo en dinero, sino en tiempo, hábitos y disciplina?

- ¿Cuál es tu próximo «dólar», tu siguiente paso concreto, aunque la meta final parezca inalcanzable?

- ¿Cómo puedes transformar tu oración de una simple petición a una declaración de fe que dirija tus acciones?

Oración Final

Dios, cuando el precio parezca imposible, dame la disciplina para pagarlo centavo a centavo, hora a hora. Multiplica mi esfuerzo como multiplicaste los panes y los peces. Y en el proceso, no solo proveas lo que necesito: conviérteme en quien necesito ser para recibirlo. Amén.

9

UNA MESA EN EL DESIERTO

*L*as puertas del supermercado se abrieron y mi hija pequeña se detuvo en seco: montañas de fresas perfectas, uvas negras y verdes que brillaban como joyas. Una ráfaga fría con olor a abundancia. Detrás quedaba la escasez; delante, una promesa cumplida. El Constructor de Cicatrices puso mesa delante de ellas.

El Constructor de Cicatrices preparó un banquete gozoso para ellas

La provisión no es el destino

La primera noche bajo techo después del cruce trajo sosiego. El de la seguridad. Un espacio para respirar y sanar.

La fiebre de Karen retrocedió lentamente, vencida por la primera dosis de acetaminofén y los sobres de suero oral comprados con urgencia. Cuando amaneció, despertó con hambre, reclamando comida. El peligro, que acechaba como una sombra, se retiró al fin.

Se alojaron en una casa modesta, propiedad de un hombre justo que las conducía en su coche sin exigir respuestas. Él se erigió en centinela discreto, revelándoles una ciudad donde la abundancia muestra lo cotidiano, el pan nunca falta y las luces jamás se extinguen; un territorio inconcebible para quienes han vivido bajo los límites férreos de nuestra isla.

Las dejó en el mercado frente a unas puertas de cristal que se abrieron al detectar su presencia. Dieron un paso adentro y se detuvieron, envueltas por una ráfaga de aire helado y un aroma que prometía lo que les había sido negado: el olor a pan recién horneado, tan distinto a la escasez de Cuba, donde una manzana resulta un lujo de carnaval. Se enfrentaron a hileras interminables de peras, fresas y uvas tan perfectas que parecían irreales.

Se quedaron paralizadas, con las manos en el carrito de compras —una novedad en sí mismo—, sin saber por dónde empezar. El *shock* de la abundancia. Ly calculaba precios. Karen temía que, si tocaba algo, desapareciera. Pero Roci rompió el trance. Caminó directo hacia los frascos de Nutella. Tomó uno. Miró a su madre como pidiendo permiso. Linnet asintió.

El carrito se llenó de tesoros que hasta entonces habitaban únicamente en sus deseos: un frasco de Nutella, latas de leche condensada, galletas, mantequilla, yogur de varios sabores. Ese día no hubo almuerzo ni cena formal. Un banquete gozoso. Comenzó en la mañana; se extendió hasta la noche. Estaban viviendo la promesa antigua:

«Aderezas mesa delante de mí en presencia de mis angustiadores» (Salmo 23:5).

El hambre y el miedo observaban desde lejos; ellas comían.

Con los días, la ciudad se volvió suya. Buscar pan caliente y paletas de cajeta se convirtió en un ritual. Las noches respondían a Netflix —mi hermana le permitió el acceso a su cuenta—. El hombre que las alojaba les ofreció un regalo inesperado: entradas para el cine. Nunca tuvieron ocasión de estar en una sala de proyección de películas. Quedaron mudas frente a la imponente pantalla y a los cubos de palomitas de maíz más grandes que sus cabezas.

La jaula dorada

Pero un refugio, si te quedas demasiado tiempo, empieza a sentirse como jaula dorada. Y mientras ellas exploraban la suya, yo estaba atrapado en la mía: una celda hecha de números. La cifra de 10,500 dólares que necesitábamos para el siguiente tramo no se movía. La presión me estaba quebrando.

El Constructor de Cicatrices no te da comodidad para que te quedes. Te da descanso para que llegues más lejos. Tapachula no constituyó un destino final; sirvió de recarga.

La comodidad, al principio se definía como una bendición, luego comenzó a sentirse como jaula. Ellas descansaban mientras yo me consumía reuniendo el dinero que faltaba. Y en ese descanso prolongado, se sintió la nostalgia de lo incompleto.

El cumpleaños de mi esposa marcó el quiebre. Llevaban un mes estancadas, y cada día transcurrido alejaba más el reencuentro. La gratitud por el techo seguro se transformó en urgencia por estar juntos. No habían cruzado fronteras buscando comodidad, sino reunificación. Estados Unidos no representaba el destino; yo lo era.

El rostro del milagro

El teléfono vibró, rompiendo la quietud como un latido. Se trataba de mi hermana. Dudé antes de responder: cada videollamada suya traía el mismo reproche, como un eco obstinado. «*Hermano, mírate. Esos ojos apagados, esa piel que parece de un cadáver. Te consumes. Necesitas dormir, comer, detenerte*». Tenía razón, lo sabía. Pero detenerme significaba permanecer en Tapachula un día más.

Contesté.

—Fui al banco —su voz sonaba distinta —. Me aprobaron un préstamo. El dinero es tuyo.

Recordé cuando, antes de que llegaran a Tapachula, le pedí ayuda: entonces no pudo corresponder. Ahora había hipotecado su tranquilidad para que mi familia continuara. Y, aun así, no bastaba. Colgué el teléfono con el peso de una deuda que me atravesaba.

El dinero de mi hermana significaba un respiro, no la salvación. Miré el calendario: los días se desplomaban como hojas secas mientras yo seguía levantando dólar a dólar lo que faltaba.

Desde la cicatriz

El Constructor de Cicatrices prepara mesas en medio del desierto. El oasis no es el destino. Es la estación de recarga antes del tramo final.

Hay una trampa sutil en la bendición temporal: confundir el alivio con la llegada. El descanso que restaura puede convertirse en la comodidad que paraliza. La gratitud por el techo seguro puede mutar en miedo a volver al camino.

Los milagros del Constructor de Cicatrices a menudo tienen rostro humano: una hermana que se endeuda sin preguntar, un extraño que abre su casa sin condiciones. No son coincidencias. Son Sus manos extendidas a través de otros. Pero incluso esas manos señalan hacia adelante, nunca hacia la permanencia.

Recibe el descanso como lo que es: combustible para el siguiente tramo. Agradece. Recupera fuerzas. Pero no desempaques el alma.

Preguntas para el alma

- ¿Puedes identificar la «mesa» que Dios ha preparado para ti en medio de tu desierto actual, ese lugar de descanso que quizás no estás valorando?

- ¿A quién necesitas agradecer hoy por haber sido un canal de provisión en tu vida, el rostro humano de un milagro?

- ¿Qué descanso necesario estás posponiendo por miedo

a perder el impulso, sin darte cuenta de que es esencial para llegar más lejos?

Oración Final

Dios, ayúdame a reconocer las mesas que preparas en mis desiertos, aunque no sean los destinos finales. Dame la sabiduría para descansar cuando provees, y la valentía para seguir cuando llegue el momento de avanzar. Gracias por los rostros y nombres que usas para manifestar tus milagros. Amén.

10

LOS DE EFECTIVO SALEN PRIMERO

Un hombre camboyano que casi no conocía me dio un cheque de 5,000 dólares sin contrato porque reconoció su propia cicatriz en la mía. Ese dinero las puso en el grupo de «los de efectivo», los que salen primero...hacia un tramo donde el Constructor de Cicatrices no abre puertas, solo deja rendijas.

Tus cicatrices son puentes

El hombre del callejón

El préstamo de mi hermana me inyectó energía divina para seguir buscando. Entre tantas ideas que no había ejecutado, una emergió del pasado reciente. Semanas atrás, en una madrugada cuando mi esposa y mis hijas acababan de salir de Nicaragua, yo estaba afuera de la panadería, en un descanso que no era descanso, fumando para calmar un temblor que me nacía en el alma, enviando y recibiendo mensajes de texto para conocer los detalles de cada movimiento suyo en la distancia.

De pronto, un auto se acercó por el callejón. Resultó ser el nuevo dueño, un hombre camboyano que apenas llevaba un mes en el negocio. Nunca llegaba a esa hora. Cuando me vio con el cigarrillo en la mano, se detuvo. No sabía que fumaba. Yo tampoco era fumador. Pero cuando la ansiedad te ahoga, te aferras a lo primero para calmarla.

Le pedí disculpas, esperando el reproche. En su lugar, me preguntó qué pasaba.

Traté de explicar. Mi familia había escapado de Cuba. En ese momento, cruzaban Honduras. Le hablé del Constructor de Cicatrices. De la fe que las acompañaba, aunque yo no pudiera.

Pero necesitaba pedirle permiso para revisar el teléfono. No mucho. Segundos cuando llegara un mensaje. Le prometí no descuidar la masa, ser eficiente y rápido. Ambos conocíamos la verdad: en esa panadería, siempre alguien estaba mirando, tomando nota. Se volvía indispensable que él entendiera: yo no jugaba con el teléfono, lo vigilaba para mantenerme cuerdo.

Sin dudar, me autorizó. Se recostó contra la pared, miró el cielo del callejón y, con la calma de quien ha cruzado su propio desierto, me dijo: «Yo también salí huyendo. Sé lo que cuesta. Entiendo lo que estás viviendo. Si necesitas otro tipo de ayuda, no dudes en decírmelo».

Un préstamo de confianza

El Constructor de Cicatrices me trajo ese recuerdo. *Si necesitas otro tipo de ayuda, no dudes en decírmelo.* Esas palabras resonaban ahora con urgencia. Ya no podía esperar más.

Al final de mi turno fui a buscarlo. Iba caminando hacia su carro. Llegué antes de que abriera la puerta. Las palabras me pesaban; tenía vergüenza por pedir. Le dije que recordaba su oferta. Que necesitaba ese «otro tipo de ayuda». Un préstamo.

Me miró en silencio. Luego:

—¿Cuánto?

Ya traía un trozo de papel. Lo saqué del bolsillo y se lo extendí. El número que había escrito parecía imposible incluso para mí. No se limitaba al costo del viaje; era la cifra del miedo, la que incluía un colchón para lo impensable.

Él miró el número y, con la humildad que lo caracterizaba, negó con la cabeza.

—No tengo esa cantidad —dijo, devolviéndome el papel.

—Pero tengo 5,000 dólares. Si estás de acuerdo, te hago el cheque ahora mismo.

Me quedé inmóvil, incapaz de asimilar sus palabras. Él no esperó mi respuesta: dio la espalda, cruzó el pasillo y se perdió en su oficina. El tiempo se hizo lento mientras escuchaba el bullicio de las máquinas en la panadería. Minutos después regresó con el cheque firmado. Lo extendió hacia mí sin contrato, sin fecha de pago ni condiciones: pura confianza. Un hombre que casi no me conocía acababa de entregarme cinco mil dólares porque en mi herida reconoció la sombra de su propia cicatriz.

El Constructor de Cicatrices no une a personas por afinidad. Las une por cicatrices compartidas. Y en esa herida común, construye puentes de confianza.

Tenía el dinero. Tocaba moverlo. Cambié el cheque en la tienda de la gasolinera donde mis compañeros de construcción me recogían cada mañana. Billetes en mano, acudí a mi amiga puertorriqueña, Maritza, aquella que cada domingo me guiaba hasta la iglesia, un faro de constancia y ternura. Nunca dejaba de interrogar con su voz cálida: «¿Cómo están? ¿Qué necesitas?¿Alexander, sabes que puedes contar conmigo?». Su presencia representó un refugio, y su ayuda, decisiva: me llevó en su auto y juntos hicimos la operación. Dividimos los envíos entre Western Union y Elektra, a nombre de mi esposa, de Ly y de la familia del dueño de la casa para burlar los límites. Gracias a ella, los cinco mil dólares cruzaron fronteras hasta llegar, intactos, a Tapachula.

Mi hermana cumplió con rigor y con una lealtad inquebrantable: transfirió el resto —aquel préstamo arrancado al banco— directamente a la cuenta del dueño de la casa en Tapachula. Sin embargo, lo más arduo aún aguardaba: convertir cifras digitales en billetes reales.

Sacarlos en efectivo los hacía un blanco fácil para la delincuencia. Mi esposa lo sabía. El dueño de la casa también. Por eso acordaron la estrategia: retiros fraccionados para no despertar hambre ajena. Tres salidas. Tres apuestas contra la suerte.

Según se juntaba el efectivo, yo coordinaba el siguiente movimiento: contactos de coyotes, rutas verificadas, tiempos estimados de cruce. Negocié con tres. Elegí al que menos promesas vacías ofreció.

Los de efectivo

Cuando mi esposa confirmó que el último retiro estaba hecho, llamé al coyote.

—Tengo el efectivo completo —le dije.

Me contestó fríamente:

—Pásame la ubicación de ellas.

Le envié la dirección por mensaje de texto. Su respuesta regresó en segundos:

—Pueden salir hoy. Alguien las recoge por la tarde.

Acomodaron sus pocas pertenencias. A la salida, el dueño las detuvo en la puerta. Les entregó ropa gruesa, el ceño fruncido por una preocupación genuina. «Para el frío», dijo. Sabía a dónde se dirigían.

El taxi esperaba. Al volante, el hombre enviado a recogerlas no bajó a ayudar. Sus ojos, fijos en el retrovisor; reflejaban la indiferencia de quien transporta carga, no personas.

La puerta se cerró con un sonido hueco, y el clic de los seguros automáticos fue la última palabra.

El trayecto duró dos horas, un túnel de asfalto hacia lo desconocido. Se bajaron en una vivienda anónima donde, antes de acomodarse, les exigieron el pago.

Un hombre con una agenda les explicó el proceso: la primera cuota del viaje se cobraba de dos maneras. Estaban los que esperaban una transferencia bancaria de sus familias, y los que, como mi esposa, traían el efectivo en mano.

«Los de efectivo salen primero», dijo el hombre. Los que no traían los billetes se miraron desolados.

Linnet, sintiendo el bulto sagrado y peligroso que tanto había costado materializar, dio un paso al frente. Entregó la primera parte que cubría el trayecto hasta la Ciudad de México.

Pasaron al interior. La sala estaba apilada de humanidad. Carne contra carne. Un rompecabezas de extremidades sudadas y respiraciones contenidas. El estómago se cerró ante la proximidad asfixiante de tantos extraños. Dejaron de ser una familia para convertirse en parte de esa masa, perdiendo los contornos de su identidad.

Dormir fue imposible. Al amanecer, la luz gris empezó a filtrarse por las ventanas cuando trajeron el desayuno —arroz duro con jamón—, pero no hubo tiempo de probarlo. Entonces se impuso la orden del hombre de la agenda: «Los que pagaron, muévanse. A los minibuses. Cinco minutos».

Agruparon veinticinco personas por vehículo, bajo instrucción previa de mantener todo cerrado para no llamar la atención. Sin ventilación, el calor se mezclaba con el sudor y el olor agrio de cuerpos sin bañar, creando una atmósfera que ahogaba. Cada bache del camino sacudía el minibús y revolvía estómagos al límite. El primer vómito surgió rápido, seguido por otros. El conductor, sin inmutarse, repartió bolsas de plástico y tabletas para el mareo. Estaba preparado, conocía el oficio. Alguien, asfixiado, asumió el riesgo: abrió una ventana y la corriente de aire calmó el ambiente por el resto del trayecto.

Horas después, el minibús se detuvo en una zona aislada de la sierra. Desde allí, la carretera serpenteaba entre laderas cubiertas de niebla. Descendieron bajo una llovizna fría que les atravesaba la ropa y esperaron con las mantas sobre las cabezas, a modo de capuchas improvisadas que poco protegían.

Antes de subir al siguiente vehículo, revisaron los teléfonos; la pantalla les devolvió una bofetada: el punto azul de ubicación no estaba más al norte. Estaba más al sur. Después de tantas horas de trayecto, de vómitos y de frío, no avanzaban, retrocedían. El mapa mostraba la frontera con Guatemala a pocos kilómetros.

Cien almas esperando el mar

Llegaron a un pueblo sin nombre y se detuvieron frente a una casa de dos plantas, marcada por la desesperación acumulada. Otros habían llegado antes: dos grupos de migrantes ocupaban el lugar, cada uno bajo el mando de distintos coyotes, hasta reunir cerca de cien personas hacinadas.

A los recién llegados los enviaron a la parte de arriba. La segunda planta, a medio construir: el esqueleto de un lugar que no llegó a ser hogar. El sol entraba sin filtro y convertía el concreto en plancha ardiente. El viento de noche se colaba por cada abertura y les arrancaba el poco calor que sus cuerpos producían. El clima no conocía piedad.

Las filas serpenteaban durante horas hacia un baño insuficiente, con personas que no resistían la espera; el viaje les arrebató el pudor y algunos terminaron dejando charcos en las esquinas, mientras en el aire se extendía un tufo viciado de marihuana rancia, de orina y de alcohol derramado.

De noche, callaban. Ni un murmullo. Ni un llanto. Oscuridad total. Los niños dormían con las bocas tapadas por sus madres, conteniendo hasta los suspiros. En esa quietud forzada, ráfagas de disparos rasgaban el aire: a veces una, a veces varias seguidas. Luego la escena volvía a cerrarse, más pesada que antes.

Sin preguntar qué ocurría. Todos sabían que la respuesta no traería consuelo.

En aquel segundo piso devastador, pagaban el precio de esperar la continuidad del plan: una ruta oculta que las sacaría por el río hasta algún punto perdido de la costa de Veracruz. Lanchas veloces, bordeando la orilla de noche, las llevarían más arriba, hasta un lugar «fácil» para cruzar al otro lado. Sobre el papel sonaba a salvación. Mientras ellas esperaban en aquel tormento de paredes sin terminar, yo esperaba dibujando el mismo mapa borroso en mi mente y orando por un mensaje que dijera: «Embarcamos». Dos esperas sostenidas por la misma fe.

La lancha quedó en promesa; se evaporó en el calor asfixiante de Chiapas, como tantas otras. Antes de asimilar la decepción, el siguiente movimiento ya estaba en marcha.

¿Casa de seguridad?

Los trasladaron a otro sitio que llamaban «casa de seguridad», un nombre que, tras tantas decepciones, sonaba a burla. Les ofrecieron agua y comida; por un momento, el gesto pareció humano, hasta que escucharon los precios: diez veces más de lo justo por un plato de arroz que apenas alcanzaba para calmar el estómago. Los coyotes que habían prometido a las familias en Estados Unidos que el pago de la travesía cubría la alimentación cobraban ahora cada migaja como si fuera oro, una farsa más en el catálogo de mentiras.

Linnet pagó. El hambre de sus hijas pesaba más que la indignación.

Se bañaron. Luego se dejaron caer sobre el cemento frío; a esas alturas, cualquier superficie horizontal servía para fingir descanso. El desgaste llevaba demasiado tiempo acumulándose. Las primeras quejas surgieron en voz baja, crecieron, se cruzaron unas con otras y terminaron por estallar. Tres días de espera inútil, precios abusivos y promesas rotas empujaron la rabia hacia afuera.

Las advertencias de guardar silencio se volvieron inútiles. Todos querían gritar. La dueña de la casa se plantó frente a ellos. Una mujer de temperamento volcánico y modales escasos. Lanzó una amenaza:

—O se callan, o llamo a la policía y les digo que un grupo de ilegales entró a mi propiedad.

Sabían lo que significaba una denuncia: detención, deportación, el viaje deshecho. Pero la amenaza no silenció a todos. Algunos gritaron más fuerte. Otros respondieron con insultos. El ambiente se fracturó en bandos irreconciliables.

Uno de los guías, al ver la situación desbordarse, levantó las manos y aseguró que llamaría al jefe de la operación para sacarlos de allí con urgencia.

Miradas que cortaban. La dueña entraba y salía, intimidando. Diecisiete horas así. Para seguir adelante, sacaron a las mujeres con niños al frente. Se desplazaron en taxis hasta un rancho de tablas y piso de tierra. Una vez adentro, la puerta se cerró desde afuera. Un operativo policial peinaba la zona. Decenas de madres abrazaban a sus hijos, susurrándoles calma; poco a poco, las sirenas se desvanecieron. Un joven abrió la puerta y ofreció leche y plátanos maduros: un desayuno, casi festivo, antes de reanudar la marcha.

Incluso en el abandono, alguien muestra humanidad

Las trasladaron a otro refugio. Terminaron en el patio, bajo un sol que no negociaba. Se sentaron sobre un borde de cemento tan angosto que apenas cabían, la espalda contra el bloque caliente, las rodillas recogidas intentando ocupar menos espacio.

La señal móvil se perdió —esas barritas que parpadean y se apagan como una esperanza mal sostenida—. Alzaron los teléfonos, caminaron en círculos, buscaron un punto alto; la pantalla permaneció indiferente. Allí, la tecnología dejó de servirles.

Cuando el atardecer comenzó a aflojar el castigo, les sirvieron espaguetis anaranjados. Fríos. Pegajosos. Pasta que ninguno se molestó en calentar. El sabor de la comida cuando no se espera que la disfrutes: agrio. La rechazaron. Ya habían aprendido a sobrevivir.

Pero alguien las vio.

Una mujer del pueblo cruzó hacia el patio con una olla humeante entre las manos. Empanadas de carne molida, recién hechas. Huevos hervidos todavía tibios. A cambio pidió unos pesos —lo justo para cubrir los ingredientes, lo necesario para sobrevivir ella también en aquel pueblo donde la miseria no distinguía entre locales y extraños—. Incluso en el abandono, había ojos capaces de ver su necesidad.

La vecina traía algo más que alimento; traía una advertencia.

—Tengan cuidado en la noche —bajó la voz—. Aquí salen las culebras. Y los alacranes. No vayan a dormirse en el suelo.

No podían evitarlo. El suelo era todo lo que tenían.

Un escalofrío les trepó por la espalda. Las madres revisaban cada rincón, cada grieta en el cemento, cada sombra sospechosa. Ordenaron a los niños no moverse, no meter las manos en ningún hueco. Dormir se convirtió en riesgo. Cerrar los ojos significaba bajar la guardia.

Esa noche, los gritos confirmaron la advertencia. El aguijón encontró carne. Varias personas se retorcían en el piso, el veneno abriéndose paso mientras los demás observaban impotentes —sin medicinas, sin forma de ayudar más que sosteniendo una mano o murmurando palabras que no curaban—.

Otro ritual se repetía desde que salieron de la casa de dos plantas. Uno sin relación con alimentar cuerpos.

Cada cierto tiempo, los guías repartían yogures diminutos. Apenas un par de sorbos de algo dulce que los niños recibían con hambre de fiesta. Quedaba como lo más cercano a un premio que aquel calvario les ofrecía. Pero el yogur cobraba su precio.

—¡Niños, vengan! ¡Formen el grupo!

Los pequeños obedecían. Se alineaban como les indicaban, sosteniendo el frasco en alto. Brazos flacos hacia el cielo, dedos sucios aferrando aquel envase como quien sostiene una bandera que no eligió. Acto seguido, se imponía la consigna.

—Repitan después de mí: ¡Gracias por cuidarnos! ¡Estamos bien! ¡Vamos a llegar!

Las voces infantiles repetían las palabras dictadas. Algunas con entusiasmo inocente. Otras mecánicamente, sin entender por qué debían decir aquello. Mientras tanto, otro guía grababa. Encuadraba los rostros, capturaba los yogures alzados, registraba las sonrisas que algunos niños forzaban porque intuían que debían hacerlo.

Esos videos viajaban primero al coyote. Prueba de que su operación funcionaba. Evidencia de que la mercancía estaba en buen estado. Después, los mismos videos llegaban a los familiares en Estados Unidos. A padres como yo, que esperábamos cualquier señal de vida. Y los creíamos. ¿Cómo no creerlos? Niños sonriendo. Yogur en las manos. Voces que decían *estamos bien*. La propaganda perfecta.

Nadie filmaba los espaguetis fríos. Nadie grababa las noches sin agua. Nadie enviaba videos de los cuerpos hacinados, de las picaduras de alacrán. Esa verdad no tranquilizaba. No vendía.

El yogur funcionaba como anzuelo. El video, la carnada. Y nosotros, los que esperábamos noticias, los peces que mordíamos el engaño.

Pero el Constructor de Cicatrices filmaba otra cosa:

«Tú lo has visto; porque miras el trabajo y la vejación, para dar la recompensa con tu mano; a ti se acoge el desvalido» (Salmo 10:14).

Fueron días sin número ni nombre —días en que Él sostuvo lo que no se veía—. Días de vigilar el suelo mientras fingían dormir. Acechadas por animales que no distinguían entre migrantes y lugareños. Acechadas por uniformes que sí hacían la distinción, y para quienes esa distinción significaba deportación.

La jaula vertical

La duración de los días adquirió una textura viscosa, imposible de medir. Una madrugada, los sacaron a empujones y gritos, como ganado asustado, y los condujeron hasta camiones de carga: estructuras metálicas, de laterales altos y sin techo. Avanzaban por brechas de tierra, lejos de las rutas principales custodiadas, lo que les permitía viajar a cielo abierto. Allí el riesgo cambiaba de forma: cualquier mano visible sobre el borde podía delatarlos ante los ojos equivocados.

Las mujeres intentaban aferrarse a la estructura metálica para no perder el equilibrio con cada sacudida del camino. Pero los vigilantes que viajaban con ellos no lo permitían. Golpeaban los dedos sin piedad cada vez que una mano se elevaba demasiado.

—Manos abajo. Invisibles.

El miedo hablaba como único idioma allí. Y todos lo dominaban con fluidez. Oraciones murmuradas se mezclaban con el ruido del metal. Ly se desmayó. Linnet la atrapó antes de que cayera, la sostuvo y, desafiando las órdenes de silencio, suplicó agua. Espacio. Lo que fuera. Los vigilantes podían golpear manos, pero no el instinto de una madre.

Sin saber cuánto tiempo llevaban así, los cuerpos chocaban en la penumbra, buscando a los suyos con la mirada. Mi esposa acariciaba la frente de Ly, inmóvil entre sus brazos. Roci y Karen sostenían sus manos, como si con ese agarre pudieran anclarla al mundo, como si cada una pudiera devolverle la consciencia, como si el amor fuera oxígeno. ¿Llegarían vivas al amanecer? Esa fue la pregunta del instante. La respuesta de la fe era otra: llegarían. Se aferraron a la promesa:

«Tú encenderás mi lámpara; Jehová mi Dios alumbrará mis tinieblas» (Salmo 18:28).

Dos préstamos de fe las habían puesto en el camino. Pero ninguna cifra podía comprar lo que realmente necesitaban: aire para respirar, espacio para existir. Ly abrió los ojos. En ese parpadeo estaba la respuesta del Constructor de Cicatrices: la fe tiene sentido.

Desde la cicatriz

«Los de efectivo salen primero». Así funciona el sistema del hombre: quien paga, avanza. Pero el Constructor de Cicatrices opera con otra moneda. Él provee el efectivo a través de personas que reconocen su propia herida en la tuya. Él multiplica lo insuficiente. Él convierte la vergüenza de pedir en el puente hacia el milagro.

«Manos abajo. Invisibles». Así te quiere el mundo: sin rostro, sin nombre, sin dignidad. Mercancía que no debe verse. Carga que no debe quejarse. Pero el Constructor de Cicatrices te mira cuando el sistema te borra. Él filma lo que nadie graba: Él ve la verdad completa.

El Constructor de Cicatrices pone en nosotros fuerzas que no sabíamos que teníamos —y las activa precisamente cuando el miedo debería paralizarnos—. Y en medio del abandono más absoluto, Él envía a alguien con empanadas calientes. No un ángel con alas. Alguien que también sobrevive, pero que elige ver la humanidad del otro. Esa es su firma: usar lo ordinario para sostener lo sagrado.

Tus cicatrices son puentes.

Preguntas para el alma

- En la oscuridad total, cuando las promesas se rompen, ¿a qué verdad fundamental te aferras para seguir adelante?

- ¿Has vivido un momento en que proteger a los tuyos te obligó a convertirte en una versión de ti mismo que no sabías que existía?

- ¿Puedes identificar un acto de ternura inesperado —unas «empanadas en el desierto»— que te devolvió la fe en la humanidad cuando más lo necesitabas?

Oración Final

Dios, cuando atravesemos valles que nos roben la dignidad, recuérdanos que Tú sigues trabajando en lo invisible. Gracias por los gestos de bondad que devuelven la humanidad, por las cicatrices ajenas que reconocen las nuestras. Enséñanos a confiar en tus rendijas cuando las puertas no se abren. Amén.

11

BALAS EN LA NOCHE

Tres camiones rompieron la noche. Al primero, la vida le abrió paso; al segundo, la ley lo detuvo; al tercero, la muerte lo alcanzó. Mi familia viajaba en la punta de la lanza. Cuando la lógica no puede explicar porqué unos se salvan por cuestión de centímetros, solo queda una certeza: el Constructor de Cicatrices elige el orden de la fila.

El Constructor de Cicatrices siempre tiene el control

La cena, un ejercicio matemático

Ly abrió los ojos. Eso bastaba. El camión se detuvo bajo un aguacero que ya las tenía empapadas. A unos metros, un rancho de guano asomaba entre las cortinas de agua. Corrieron hacia él como quien corre hacia la salvación, aunque la salvación resultó ser una choza donde todos se apretaron como masa homogénea.

Los pies y las pantorrillas se entumecían sin remedio, convertidos en bloques de carne dormida. Por turnos, algunos salían a estirar las piernas, caminaban unos pasos bajo la lluvia, sacudían los músculos agarrotados y volvían a entrar para que otros pudieran hacer lo mismo. Un sistema primitivo de supervivencia que emplearon.

Cuando la lluvia se rindió, el aire olía a tierra recién lavada y a hojas que aún destilaban gotas como lágrimas; arrastraba un aroma tenue de heno y madera húmeda. El avance fue lento. A lo lejos, un establo se insinuaba, con su silueta oscura recortada, herrumbrada: techos de lámina oxidada, sin paredes, usado como refugio improvisado para grupos de migrantes en tránsito. Un lugar, pensado para proteger animales del sol y la lluvia, ahora servía de resguardo precario a decenas de vidas fatigadas, amontonadas en rincones normalmente ocupados por bestias y estiércol. Lo rodeaba un río sereno. Su corriente, limpia y cristalina, parecía cantar entre las piedras. Fue el obsequio del día, una tregua de pureza en el camino.

Se arrodillaron en la orilla. Mojaron sus rostros. Sumergieron los pies destrozados. Limpiaron un poco los zapatos. El agua fría les arrancó gemidos de alivio. Ese momento distaba de un baño, pero descendió sobre ellos como una gracia. El Constructor de

Cicatrices reparte alivios modestos: ríos junto a establos; con eso basta.

Allí permanecieron todo el día. Y toda la noche. La cena fue un ejercicio matemático: un pollo y un puñado de arroz para ocho personas.

Linnet recibió su porción y la sostuvo entre las manos. Podía oler la carne, sentir el calor del plato traspasando sus dedos. Fingió que su estómago no rugía, armada con ese amor silencioso que solo las madres conocen. Miró a sus tres hijas: ojos hundidos, labios resecos, mejillas huesudas. Les pidió algo trivial para que desviaran la mirada, una distracción estratégica. Aprovechando el instante, deslizó discretamente su porción en los platos de las niñas. Ellas, ajenas a la maniobra, comieron sin caer en cuenta del sacrificio. Y ella sonrió, como si no pasara nada, como si no tuviera hambre, como si el amor no costara. Pero el amor siempre cuesta. Y las madres siempre pagan.

En aquel lapso interminable, algunos dejaban escapar plegarias que se deshacían en el aire. Otros, con el rostro endurecido, lanzaban maldiciones que parecían piedras arrojadas contra la calma. Un padre le decía a su hijo que pronto verían a la abuela, aunque en su interior no sabía si aquella esperanza tenía fundamento o un consuelo mínimo para un inocente. Una mujer sollozaba con la frente apoyada en un horcón, y su esposo junto a ella fingía no escucharla. Dos desconocidos compartían una botella de agua, turnándose el sorbo sin hablar. En una esquina, un joven revisaba su teléfono sin señal, como si la pantalla pudiera traerle noticias del mundo que habían dejado atrás.

El Constructor de Cicatrices decide quien pasa primero

Un rugido rasgó la distancia. Irrumpieron camiones aún más desgastados que los anteriores. Las cuatro subieron a toda prisa al que lideraba la caravana. Resultó ser una unidad toscamente adaptada para transportar personas, con una lona descolorida cubriendo la parte superior.

Dentro, el espacio resultaba una trampa: un tubo de hierro oxidado colgaba del techo, balanceándose con cada sobresalto, amenazando las cabezas ya lastimadas. El trayecto se convirtió en una tortura de curvas violentas y frenazos bruscos, como una montaña rusa concebida para quebrar el espíritu. Cada bache, un torbellino de golpes imposibles de esquivar; cada giro, una prueba más de resistencia.

Al cabo de varios kilómetros, un retén militar custodiaba la carretera. El primer camión redujo la velocidad y se detuvo. Podían escuchar afuera voces de tono militar, amortiguadas por el metal

El conductor bajó la ventanilla. Un oficial se acercó.

—El permiso para transitar por la zona lo trae el dueño de la carga —dijo el chofer, su voz ensayada, sin temblar—. Viene en el camión que nos sigue.

La mentira se presentaba simple, casi eficaz. Desplazaba la responsabilidad hacia atrás, hacia un problema que dejaba de pertenecerle. El oficial lo sostuvo con la mirada, midiendo el tiempo, sopesando si valía la pena detener la noche por ese inconveniente. Finalmente apartó la vista. El camión retomó la marcha. Dentro, el alivio quedó contenido en un desahogo aplazado que quedó sin liberar.

El segundo camión se detuvo en el mismo punto. El conductor repitió la misma excusa:

—El permiso lo trae el dueño de la carga. Viene atrás.

Esta vez, la mentira se desmoronó a la intemperie. Ordenaron abrir la carga. A la vista quedaron vidas humanas, imposibles de declarar como mercancía en ningún manifiesto: ojos que parpadeaban asustados. Las linternas transformaron la noche en interrogatorio. Rodillas contra la grava, manos en la nuca, el chofer con las esposas cerrándose en las muñecas. Quedaron alineados al borde de la carretera, acusados de un delito sin código penal: atreverse a buscar una vida que su tierra, erosionada por años de decisiones fallidas y carencias persistentes, ya no podía darles.

El tercer camión

Desde la retaguardia, el tercer conductor vio las luces militares recortando las siluetas de sus compañeros sobre la grava. El pánico —ese instinto primario que anula la razón— se apoderó de él y, sin calcular las consecuencias, eligió huir. Engranó la marcha atrás. Las llantas patinaron sobre la carretera con un rugido desesperado. Entonces los disparos quebraron la noche: las balas destrozaron las ruedas y el camión, herido, perdió el control. Zigzagueó como un animal moribundo y volcó con un estruendo que heló la sangre de quienes lo escucharon.

Primero los gritos. Desgarradores. Cuerpos atrapados en la estructura retorcida. Luego, el silencio. Ese que llega después de la tragedia, cuando las voces se extinguen y solo queda el peso de lo ocurrido, suspendido en estado irreversible.

Hubo muertos.

Mi familia viajaba en el primer camión. Por segundos. Por una mentira que funcionó una vez. Por un orden que ninguno eligió pero que alguien —el Constructor de Cicatrices— dispuso a su favor. Se cumplía la palabra antigua sobre el asfalto ensangrentado:

«Caerán a tu lado mil, y diez mil a tu diestra; mas a ti no llegará» (Salmo 91:7).

Se alejaban cuando, a la distancia, escucharon el primer disparo, luego otro y después una ráfaga: el plomo estallando, un estruendo de chatarra retorcida que heló la sangre de los dos guías, curtidos tras años en esto y conocedores de ese lenguaje. El conductor hundió el acelerador mientras el otro gritaba que cambiara de dirección. No se detuvieron hasta que la carretera cedió paso a un vertedero que los aguardaba. El olor a basura podrida se volvió insoportable, pero ofrecía algo mejor que una bala. Bajaron del vehículo y se ocultaron entre la inmundicia, respirando despacio, agradecidos por seguir adelante.

Un mensaje llegó desde el segundo camión; alguien logró escribir. Informaba que el tercero volcó tras los disparos y dejó muertos. Lo que habían escuchado a lo lejos ahora pesaba sobre ellos.

Mis hijas se abrazaron a su madre buscando protección. Ella las apretó contra su pecho, intentando esconder un temblor incontrolable.

Los adultos, endurecidos, resistían por no ceder. Algunos apretaron los puños, mientras otros contenían el llanto.

Entre ellos, una muchacha muy joven —conocida por la ternura que prodigaba a los niños— buscó amparo en las drogas que llevaban los guías. Subió a una estructura desvencijada y lanzó gritos incoherentes hacia la noche, intentando arrancarle sentido a la oscuridad. Su desesperación, multiplicada por el eco, se propagó entre todos y sembró el temor; cada alarido anunciaba la cercanía del desamparo.

Se hizo una quietud que dolía. El desamparo superó la urgencia del hambre y la esperanza se mantenía en equilibrio precario, sin nada firme a qué aferrarse. Nunca estuve allí, pero el relato de mi esposa caló hondo; comprendí que, aunque separados, compartíamos la misma oración silente y la necesidad de creer que el Constructor de Cicatrices cincelaba esperanza entre las ruinas.

Enfermos y decisiones imposibles

Amanecieron entre la basura. Una llovizna persistente los obligó a moverse. Corrieron a refugiarse bajo los árboles, detrás del vertedero. De pronto, el bosque les entregó una sorpresa. Más de cien personas surgieron de los matorrales. No formaban parte de la caravana; no compartían su travesía. Se tomaron de las manos y oraron en una lengua desconocida. Sus rostros irradiaban paz. Hay oraciones que no necesitan entenderse. Y tan silenciosamente como aparecieron, se desvanecieron en el bosque, dejando atrás la certeza de que ningún camino se recorre en aislamiento, aunque así lo parezca.

El bosque les había dado una señal. Ahora les daba agua. Un guía se acercó con un galón. La repartió, como quien reparte vida líquida. No fue suficiente para saciar la sed. Pero para quien tiene sed verdadera, una gota representa un océano. Dios les envió el suyo.

Algunos niños comenzaron a enfermar, uno por uno, como fichas de dominó cayendo en una secuencia inevitable. La fiebre los hacía temblar mientras sus cuerpos luchaban contra la diarrea que los deshidrataba sin piedad. Sus madres los abrazaban con la misma fuerza con que clamaban. Sus padres miraban al cielo buscando una respuesta. Linnet, a pesar de ver a nuestras hijas sanas, oraba silenciosamente: *«Señor Jesús, protege y libra a mis hijas de toda enfermedad y trae sanidad a los cuerpos de los niños enfermos, muéstranos tu promesa Señor tal como lo declara tu palabra en Isaías 53:5: ... y por su llaga fuimos nosotros curados. Amén».*

Uno de los guías, con sigilo, buscó ayuda. Localizó una clínica que, aunque distante, se imponía como la única opción en ese momento. Con absoluta discreción, consiguió un transporte y llevaron a los niños, rogando que nadie hiciera preguntas. Por obra de Dios, la mayoría regresó con algo de color en las mejillas. Quien ha visto a un hijo enfermo lejos de casa sabe que no existe desesperación más grande.

Pero hubo uno que no volvió con los demás: un niño cuyo cuerpo con sobrepeso cedió primero. Su padre permaneció a su lado hasta que llegó el momento de decidir entre seguir adelante o perder el camino completo. La madre no vaciló; se quedaría con su hijo. El padre los miró una última vez, se arrodilló junto a la cama, besó la frente del niño y le habló en voz baja. Les dijo que se reencontrarían en la frontera y luego salió, cargando un peso que ninguna espalda debería soportar: dejar atrás a su esposa y a su hijo enfermo, sin saber si volverían a verse.

Hay decisiones que no se juzgan. Solo se respetan.

El patrón parecía impotente para sacarlos de allí. Mientras esperaban, los guías exploraban la zona buscando opciones. En uno de esos recorridos, encontraron a un colega que conocía las rutas. Hablaron con él, le explicaron la situación. El hombre escuchó y asintió: los llevaría hasta un punto para reconectar con el camino original.

El guía de medianoche

Llevaban dos días en el vertedero. Medianoche cerrada. La oscuridad los envolvía, tan densa que no podían distinguirse entre sí. Entonces se escuchó:

—Encontramos a alguien que puede sacarnos de aquí. Quien quiera seguir, levántese.

No hubo promesas de seguridad. Solo la decisión de moverse. En medio de ese abandono, cuando parecía que hasta los hombres los habían olvidado, el Constructor de Cicatrices aún sostenía la fe.

Ellas se pusieron en marcha y yo me puse en guardia. A la misma hora, sin coordinación humana, el Espíritu nos alineó: mientras ellas avanzaban desafiando a la noche en Oaxaca, yo la desafiaba orando en Texas. La batalla se libró en dos frentes simultáneos, unidos por una misma fe.

El Constructor de Cicatrices cuida a los que caminan y sostiene, con igual fuerza, a los que esperan.

Desde la cicatriz

El Constructor de Cicatrices no explica por qué unos pasan y otros caen. Solo pide que confíes.

Hay un orden que no elegimos. Pasar primero no te exime del vertedero, del hambre, de ver a un padre besar la frente de su hijo enfermo y seguir caminando solo.

El Constructor de Cicatrices no nos favorece. Nos coloca donde nuestra fe puede ser forjada.

Su compañía tiene formas que no esperamos: un guía desconocido a medianoche, extraños que oran en lenguas ajenas, gotas de agua que saben a océano cuando la sed es absoluta.

La fe se manifiesta en dos direcciones: caminar por el valle o sostener desde lejos a quien lo camina. El que cruza el río y el que ora desde la orilla. El que avanza en la oscuridad y el que espera a kilómetros de distancia.

Preguntas para el alma

- ¿Alguna vez has cuestionado el orden divino porque otros pasaron y tú no, sin entender que cada uno está siendo forjado de manera diferente?

- Cuando parezca que todos te han abandonado, ¿tienes los ojos abiertos para reconocer al guía desconocido que Dios envía en el momento exacto?

- ¿Te has dado cuenta de que esperar orando por otros puede ser un acto de fe más difícil que caminar tú mismo por el valle oscuro?

Oración Final

Dios, cuando me toque esperar mientras otros caminan por valles oscuros, no me dejes sentir inútil. Recuérdame que mi oración tiene poder, que tu palabra atraviesa la distancia. Cuando parezca que todos nos han abandonado, ayúdame a reconocer al guía desconocido que Tú envías. Y dame paz para confiar en tu orden, aunque no siempre lo entienda. Amén.

12

LA SELVA DE LA CONFUSIÓN

Un zapato tragado por el lodo. Una hija perdida en las sombras. Un camino que no conducía al norte, sino a un cuartel. No fue un error, fue un plan: «Ustedes son el experimento».

Fe es avanzar cuando cada célula de tu cuerpo te ordena rendirte

Cuando avanzar es el único alivio

El coyote enviaba mensajes tranquilizadores. «Todo bien. Pronto salen». Desde la distancia, mentir no tenía costo. La verdad estaba en el vertedero: exhaustos, rotos, con fuerzas apenas suficientes.

Pero se levantaron. Porque moverse, aunque sea a ciegas, es mejor que rendirse. Tras dos horas de marcha tortuosa, pisando el lodo y esquivando charcos, la vegetación se cerró sobre sus cabezas: entraron en un monte espeso.

El grupo encarnaba el dolor. Los niños gemían. Tres ancianos de más de setenta años luchaban por cada paso, apoyados en bastones improvisados que el monte les había prestado. Un padre cargaba sobre la espalda a un joven de piernas inmóviles, su hijo; sostenido metro a metro únicamente por el amor.

La fe entre lodo y picaduras

El monte se volvió un examen. Caminaban a tientas, sin poder ver al de adelante. El práctico iba al frente, cortando enredaderas para abrir paso, pero cada tramo se convertía en batalla. Tropezaban, caían, se golpeaban; un fango tan espeso que, en algunos sitios, se hundían hasta la mitad de la pierna.

Los brazos de mi esposa se rindieron, no al cansancio sino al peso de la pequeña; al soltarla, el lodo la reclamó. Las tres lucharon por liberarla hasta conseguirlo, pero el monte cobró su precio: un zapato que el barro devoró para siempre. No lo buscaron, no había tiempo. El camino enseña que, a veces, avanzar significa soltar, dejar atrás pequeñas piezas de lo que somos para poder seguir.

No fue lo único que el monte reclamó. Linnet notó la ausencia de una niña: Roci no estaba. Se había adelantado. La llamó, gritó su nombre, pero los matorrales se tragaron cada intento. Apresuraron el paso para alcanzarla y pasaron tres horas buscándola entre la maleza hasta que, al fin, la vieron. Estaba con un grupo que iba adelante, los que cargaban menos peso y se habían detenido a esperar al resto, cuidada por compañeros de ruta que el Constructor de Cicatrices convirtió en guardianes.

Delante de ellos se abrió una inmensa sabana. El campo que los esperaba parecía apacible, con árboles solitarios y cielo abierto; sin embargo, el martirio tenía más niveles: la trampa aguardaba bajo los pies. La tierra hervía de hormigas rojas, una alfombra viva imposible de esquivar, que trepaba por los zapatos como si supiera exactamente dónde dolía más. Se colaban por cada resquicio de la ropa, mordían sin piedad y convertían cada picadura en una brasa ardiente. Las piernas de mis hijas terminaron marcadas como mapas de dolor; mi esposa, incapaz de cargarlas, sentía también cómo las suyas ardían. El cuerpo olvida muchas cosas, pero las cicatrices perduran.

Como si Dios permitiera que cada demonio tomara su turno, la muchacha drogada se volvió la banda sonora del horror. Avanzaba al final del grupo, una sombra enloquecida que clamaba por muertos que únicamente ella veía, se desplomaba entre sollozos y juraba que garras invisibles la arrastraban, para luego alzarse y gritar que la tierra intentaba devorarla. Sus delirios se mezclaban con el llanto de los niños, fundiendo todo en una sinfonía demencial que los agobiaba. La imagen era literal: cruzaban su propio valle de sombra de muerte sin encontrar consuelo.

La calma que anuncia la tormenta

El alba reveló la resta. Faltaban rostros. El grupo quedó diezmado. Alguien contó: de los cuarenta iniciales, quedaban menos de treinta. Los demás se esfumaron, como si hubieran sido tachados.

Un médico cubano arrastraba su cruz invisible. Había escapado clandestinamente de una misión internacional en Venezuela, dejando atrás la vigilancia, las represalias y el peso de una patria que lo llamaba traidor. En Cuba quedaron su madre y sus hijos. Ahora huía, igual que sus compañeros de travesía. Cargaba una mochila liviana y una culpa que pesaba toneladas.

La muchacha drogada se acercó delirando a los niños y él se indignó; no hubo mirada que anticipara el golpe. La mano que había jurado sanar se cerró en puño y la derribó, y el crujido del impacto se propagó con más estridencia que cualquier grito. El juramento hipocrático quedó enterrado en el fango, junto con el profesional que había sido antes, y desde entonces ninguno pudo volver a ser el mismo. La travesía no se limitaba a conducirlos hacia el norte: los estaba transformando.

Linnet eligió diferente. Mientras unos se quebraban, ella arrancó grandes hojas y las dispuso sobre el fango. Arropó a las niñas con las sábanas convertidas en trapos sucios. Transformó el barro en cama y la desesperación en refugio. Había más santidad en ese gesto de madre que en muchos altares.

Las niñas durmieron. Veló junto a ellas, contando sus respiraciones, con la devoción de quien ora sin pronunciar palabras. Seguían incomunicadas y exhaustas, pero juntas. Siempre juntas.

Durante aquella espera, uno de los guías se sentó cerca del grupo. Demasiado joven para cargar el peso de tantas vidas sobre sus hombros. Su rostro no exhibía la dureza de los otros, sino decepción. La misma que cargaban los migrantes. Habló, como quien necesita soltar un peso antes de que lo aplaste.

—Esta no es la ruta de siempre —confesó, la voz baja, evitando cruzar miradas—. Es la primera vez que paso por aquí. Estoy tan perdido como ustedes.

—El jefe decidió explorar un camino nuevo —continuó—. Más corto, decía. Más seguro, decía. Territorio virgen. No teníamos idea de qué había en el medio. Ni dónde conseguir agua. Ni dónde parar a comer. Ni cuánto tiempo tomaría realmente.

Hizo una pausa. Sus ojos finalmente encontraron los del grupo.

—Ustedes son el experimento. Los primeros en probarlo. Si funciona, lo usarán con los que vienen después. Si no funciona...

La frase terminó en el aire.

Los trataban como material descartable, como material humano de prueba destinado a validar una logística criminal que no respondía al azar, sino a un cálculo frío. El coyote había apostado sus vidas en una ruleta sin que ellos siquiera supieran que estaban jugando, y de allí surgían las demoras sin explicación, la sed que nadie anticipó y el hambre que llegó antes de lo previsto.

Linnet escuchó la confesión con el rostro inmóvil. Miró a Roci, Karen y Ly, pensó: ***Hemos llegado hasta aquí. No vamos a morir en un experimento.***

El práctico se alejó sin anunciar a dónde iba. Llevaba horas inquieto, midiendo el horizonte con la mirada, calculando algo que solo él entendía. A lo lejos, escuchó un sonido que no pertenecía al monte: el ruido constante del tráfico. Caminó hacia él. Entonces reconoció el lugar: una vía que conectaba con las autopistas principales de Veracruz. Había logrado ubicarlos en el mapa de su memoria.

En la orilla de la carretera, ocultos entre la maleza, encontró a algunos de los extraviados. Rostros que habían desaparecido durante la noche. Ahora estaban ahí, esperando, igual de perdidos. Los demás, según decían, habían sido capturados intentando subir a un taxi. Ya no estaban.

Regresó, les dio las coordenadas hasta la vía. Cumplió su promesa: sacarlos del laberinto. Desapareció tan silenciosamente como había llegado, de vuelta al mundo que él conocía.

Los dos guías retomaron el mando. Tenían instrucciones claras de su superior: esperar entre los matorrales hasta que llegara el transporte. No conocían esta ruta. No sabían a qué hora pasaban las patrullas, cuándo la carretera quedaba ciega, ni en qué momento exacto debían moverse. Restaba confiar, esperar.

Cada vehículo que se acercaba encendía una chispa de esperanza; cuando pasaba de largo, la chispa se apagaba. Vieron acercarse un autobús desvencijado, con la carrocería corroída y las ventanas pintadas de negro. Aquello respondía a un diseño previo. El coyote había activado la secuencia prevista.

—Este es —dijo el guía.

La trampa

Subieron de prisa, las llantas comenzaron a girar, y por tres segundos gloriosos creyeron que lo habían logrado. La alegría duró exactamente el tiempo que tardaron en acomodarse en aquellos asientos viejos y desgastados. La policía bloqueó el camino y rodeó el autobús. Las miradas de todos se congelaron en la desesperanza.

Un agente subió. Sin pedir documentos, contó cabezas con la mirada. Otro ordenó desde afuera:

—Quédense quietos. No se muevan. No hablen.

Linnet apretó las manos de las niñas. Karen temblaba. Roci miraba por la ventana pintada de negro, buscando una salida que no existía. Ly cerró los ojos. Quizás oraba. Quizás solo intentaba no gritar.

El autobús arrancó de nuevo, pero esta vez no hacia la libertad. Lo condujeron por calles desiertas, sin testigos. Hasta un cuartel donde los gritos reemplazaban las leyes.

Bajaron con rostros desencajados. Los oficiales no esperaron. Dispararon preguntas en un español que apenas entendían: «¿Nacionalidad? ¿Documentos?¿Coyote? ¿Dinero?». Martillazos que no cesaban. En aquella plaza de cemento el sol castigaba sin misericordia. Las niñas entraban y salían de la consciencia. Linnet usaba sus manos como abanicos inútiles, moviendo un aire que quemaba. Habían llegado al límite, aferradas a que el mismo Dios que había permitido el valle, también tuviera preparada la salida.

La deportación no estaba tocando a la puerta. Ya la había derribado, y sólo faltaba que alguien pronunciara la sentencia.

Ellas se hundían en la aflicción; yo me ahogaba en mi propia impotencia. Hay momentos en que no es el cansancio físico lo que nos derrumba, sino la acumulación de angustias sin respiro: cada solución se convierte en un problema mayor, el alma grita pidiendo auxilio pero el cielo parece cerrado. Es precisamente allí donde el Constructor de Cicatrices susurra más fuerte:

«Cercano está Jehová a los quebrantados de corazón; y salva a los contritos de espíritu» (Salmo 34:18).

El problema es que, a veces, el ruido del miedo nos impide escuchar.

Desde la cicatriz

El Constructor de Cicatrices no trabaja en lugares seguros. No necesita catedrales ni certezas. Su taller aparece donde el camino se pierde, donde el cuerpo flaquea y la mente ya no tiene respuestas. Allí, en medio de la confusión, empieza su obra.

La fe no siempre llega como alivio inmediato ni como claridad. A veces toma formas humildes y ásperas: un zapato tragado por el lodo que obliga a seguir descalzo, una madre que arranca hojas del monte para convertirlas en cama, unos brazos que cargan a una niña cuando las piernas ya no responden. No son símbolos: son decisiones pequeñas que permiten avanzar un poco más.

El Constructor de Cicatrices sigue trabajando cuando tú ya no puedes hacerlo. Lo hace a través de otros: un práctico que vuelve a trazar el rumbo, desconocidos que protegen hijos ajenos, ancianos que avanzan apoyados en bastones improvisados y se niegan a quedar atrás, gestos mínimos que sostienen cuando todo lo demás se derrumba. Incluso en una muchacha rota que expone el abismo para que otros no caigan en él. No elimina el miedo, pero impide que tenga la última palabra.

Fe: no es ausencia de miedo, sino avanzar cuando cada célula de tu cuerpo te ordena rendirte. Porque cuando el hombre dice «*se acabó*», Dios dice: ***«ahora mírame trabajar»***.

Preguntas para el alma

- El camino transformó al médico en lo opuesto a su juramento. ¿En qué te está transformando tu prueba actual: en alguien que golpea o en alguien que hace camas con hojas?

- ¿Has confundido estar perdido con estar abandonado? Roci estaba perdida, pero el Constructor ya había puesto guardianes en su camino.

- ¿Qué harías si descubrieras que tu sufrimiento actual es «el experimento» de otro —y aun así, Dios lo está usando para llevarte al destino?

Oración Final

*Dios, cuando no tenga catedrales, conviérteme en templo. Cuando solo tenga hojas, enséñame a hacer camas. Y cuando cada célula me ordene rendirme, que mi fe sea un paso más. Porque cuando yo diga «se acabó», Tú dirás: **«ahora mírame trabajar»**. Amén.*

13

VERACRUZ — EL VALLE DE LA SOMBRA

*M*is hijas creyeron ver un ángel: cabello dorado, sonrisa cálida, arroz con frijoles como los de casa. No sabían que, en Veracruz, hasta el infierno sabe cocinar como tu abuela.

La compasión fingida es más letal que la crueldad abierta

A veces el rescate es la trampa

El sol descendía sobre el cuartel cuando la jerarquía del recinto se redefinió sin estruendo. El portón principal cedió con la docilidad de los acuerdos pactados en la sombra. Un Mercedes negro ingresó dueño del asfalto, flanqueado por camionetas que ocuparon el espacio con naturalidad propietaria. Los oficiales, hasta entonces verdugos, bajaron la vista y se replegaron, reducidos a servidumbre ante sus verdaderos jefes. Hombres armados descendieron sin necesidad de apuntar; su postura relajada proyectaba una impunidad más aterradora que la violencia. La ley no fue desafiada; fue desplazada por el poder real.

La mujer que emergió del auto evocaba a una actriz en escena: atractiva, impecable, pero con el frío inflexible en la mirada de quienes saben que pueden decidir destinos. Mi esposa intuyó el riesgo en su modo de aproximarse al comandante —como quien negocia vidas con un simple gesto—, pero la extenuación pesaba más que el recelo.

Un sobre abultado cambió de manos con la naturalidad de quien paga verduras en el mercado.

—Suban al autobús —ordenó ella—. Me los llevo.

Para las niñas, el cabello dorado y la seguridad del gesto parecían la llegada de un ángel. Ignoraban la advertencia antigua:

«Y no es maravilla, porque el mismo Satanás se disfraza como ángel de luz» (2 Corintios 11:14).

No imaginaban que el mal también luce hermoso y sonríe, justo antes de desgarrar.

Siguieron aquel Mercedes negro por carreteras cada vez más desoladas. Los aguardaba un enclave que olía a peligro: casas convertidas en fortalezas, muros coronados de vidrios rotos, vegetación salvaje ocultando secretos innombrables. Entre la hierba alta, los animales de monte eran los únicos testigos realmente libres de ese universo oculto.

La rubia los condujo a una casa que era pura carnada. Karen, al ver las camas con sábanas blancas, preguntó si podía acostarse; Ly se quitó los zapatos, llevaban días fusionados a sus pies, y lloró en silencio al sentir más intensas las ampollas. Roci fue directamente al baño, atraída por el agua caliente tras jornadas interminables sin higiene. Linnet las observaba desde la puerta, queriendo creer y percibiendo el riesgo al mismo tiempo, incapaz de negarles a sus hijas lo elemental que sus cuerpos ya no podían postergar.

El paraíso antes del infierno

La compasión fingida es más letal que la crueldad abierta. —Sé por lo que han pasado —susurró la rubia, empapando cada sílaba de ternura calculada—. Les preparé comida de su tierra: arroz blanco, frijoles negros como los haría una abuela cubana, ropa vieja, plátanos maduros fritos.

Cada palabra, precisa y medida, buscaba desarmar defensas.

Los hombres armados se tornaron solícitos asistentes. Mi esposa, viendo la mirada hundida de sus hijas devoradas por el hambre, pidió leche, pan, galletas, cualquier cosa para devolverles un gramo de niñez. Ellos asintieron. No sabía que estaba aprovisionando su propia prisión, que cada muestra de amabilidad sumaba otra argolla invisible.

Se bañaron, quitando de la piel días acumulados de miedo. Las niñas reían bajo el agua, una alegría casi olvidada. Lavaron cada prenda como quien intenta arrancar el pasado de raíz, con la secreta esperanza de que el miedo, colgado al sol, se evaporara.

Los colchones, demasiado blandos, recibieron cuerpos que ya no recordaban lo que era descansar. Sirvieron punto por punto lo que había prometido —arroz blanco, frijoles negros, ropa vieja, plátanos maduros fritos—, pero el cuerpo les jugó la peor broma: los estómagos, desacostumbrados a la bondad, se cerraron tras recibir apenas unas migajas. Hasta el hambre tiene memoria, y la de ellas recordaba que la felicidad, en este viaje, exige su precio.

Cuando cayó la máscara

El paraíso duró lo suficiente para que bajaran la guardia, para permitirles creer. La ilusión se quebró con una discusión acalorada que atravesó la casa: desde otra habitación, la rubia gritaba con una voz despojada de toda ternura, escupiendo amenazas. Roci se cubrió los oídos; Ly rodeó a Karen con los brazos, y Linnet comprendió el peligro incluso antes de que la puerta se abriera.

La mujer rubia entró transformada, sin rastro de sonrisa ni amabilidad, quizá ya no distinta, sino finalmente expuesta. Reunió a los adultos y les ordenó entregar los teléfonos, uno por uno, mientras sus hombres alzaban las armas y sellaban el engaño.

—Bienvenidos a Veracruz —anunció con voz de hielo—. Ahora son míos. Tienen 24 horas para que sus familias paguen.

El infierno no necesita disfraces cuando ya estás adentro.

Veracruz. Conocían ese nombre, igual que todos los migrantes. Sinónimo de desapariciones, fosas comunes, familias borradas del mapa para siempre. Ahora ocupaban un lugar en esa estadística oscura.

Mercancía

Dejaron de ser personas: pasaron a ser mercancía etiquetada con códigos invisibles —10,000 dólares por cabeza. 34 cuerpos en inventario, 15 de ellos niños, todos valorados idénticamente en este mercado del horror, impregnado de pura maldad humana, meticulosamente calculada, con precio y fecha de vencimiento.

Para grabar las reglas en la memoria, la lección llegó en forma de ejecución. Arrastraron a un muchacho al patio contiguo, sorprendido en su intento de fuga. Las súplicas del joven atravesaron los muros: «¡Por favor, no lo haga, tengo hijos!». Un disparo. Luego otro, por si acaso. El mutismo absoluto perforó más hondo que cualquier grito.

La mujer rubia limpió una mancha de sangre que le había salpicado la mejilla.

—Espero que haya quedado claro —dijo con la misma voz que antes ofrecía la cena.

Esa noche, esperé la llamada de siempre. No llegó. Marqué una vez. Dos. Diez. Sin respuesta. No sabía que un teléfono confiscado puede gritar más fuerte que cualquier voz. No sabía que mis hijas acababan de convertirse en mercancía con fecha de vencimiento. De algo estaba seguro: el Constructor de Cicatrices parecía haberse quedado en silencio también.

Desde la cicatriz

El Constructor de Cicatrices nos advierte: el mal no siempre ruge. Susurra compasión. Ofrece exactamente lo que necesitas. Sonríe antes de desgarrar.

La compasión fingida es el arma más letal del enemigo. Aprende a distinguir entre quien te ofrece descanso y quien te prepara una jaula.

El Constructor de Cicatrices conoce tu verdadero valor. No el que ponen los que te usan —un número, una cifra, una mercancía—, sino el que Él pagó por ti. Cuando el mundo te reduce a un precio, recuerda quién eres realmente.

No eres lo que te hacen. Eres lo que decides ser después de lo que te hicieron.

El horror humano tiene límites. Cuando el miedo viaja en silencio, la fe viaja en poder.

Preguntas para el alma

- ¿Qué «rescate» en tu vida podría ser una trampa disfrazada de bendición?

- ¿Sabes distinguir entre quien te ofrece descanso genuino y quien te prepara una jaula cómoda?

- ¿Estás permitiendo que el mundo defina tu valor con cifras, o recuerdas el precio que ya fue pagado por ti?

Oración Final

Dios, enséñame que el mal no siempre ruge; a veces susurra compasión. Dame discernimiento para reconocer la jaula detrás de la sonrisa. Y cuando el mundo intente definirme con cifras, que mi respuesta sea clara: no soy lo que me hacen, soy lo que decido ser después. Cuando el miedo viaje en silencio, que mi fe viaje en poder. Amén.

14

LA ARITMÉTICA DEL INFIERNO

*E*stamos secuestradas. Mi familia quedó atrapada como botín entre dos monstruos, mientras yo, en Texas, con 20 dólares en la cartera, constataba lo inevitable: la aritmética del infierno la corrige el Constructor de Cicatrices.

La fe no es un concepto teológico, sino el último hilo que te separa de la locura

Hablando con lobos por mis ovejas

«Estamos secuestradas». Dos palabras. Un universo que colapsa. El teléfono confiscado había vuelto a sus manos con un solo propósito: pedir rescate.

No le dieron términos ni cantidad. Una instrucción fría: «Avisa a tus familiares que se preparen para pagar». Y la advertencia que no necesitaba explicación: nada de autoridades, ya sabes lo que pasa.

Ella lloraba al otro lado de la línea. Yo, distante, me convertí en espectador de mi propia vida.

«*Dios está en control*», me escuché decir con esa voz impostada de padre fuerte que usamos cuando nos estamos ahogando. «*Todo va a estar bien, mi amor*». Promesas huecas que llenamos de fe para mantener vivos a los que amamos.

Colgó. El teléfono quedó muerto en mi mano, y mi cuerpo se dividió en dos. Una parte cayó de rodillas. La otra comenzó a pensar con una claridad feroz, haciendo listas, calculando rescates, tramando lo imposible. Es increíble lo funcional que puedes ser cuando tu alma acaba de morir.

Llamé al coyote. Su voz sonó molesta, no preocupada.

—Esa perra se pasó de lista —soltó sin preámbulos—. No tenía autorización para esto.

Me explicó la jerarquía del mal: la mujer rubia era una pieza menor que había decidido hacer negocio propio, secuestrando a quienes ya tenían «pase libre» del cartel.

—Los jefes no están contentos —añadió, como si eso pudiera consolarme. Describió el método: primero amabilidad, comida, comodidades. Después, el terror. Todo calculado.

—Sabe que los cubanos pagan. No te preocupes —dijo antes de colgar—. Yo me encargo. Esto va a tener consecuencias.

No me consoló. En el ecosistema del crimen organizado, las consecuencias siempre las pagan primero los más débiles. Y yo sabía la verdad: en ese mundo, cada uno cuida lo suyo. La familia estaba en medio del fuego cruzado entre criminales.

El inventario

Seguí la aritmética que me destrozó aún más. Yo conocía la tarifa: 10,000 dólares por cubano. Vivo o muerto. Precio de mercado. Por eso se contrata un coyote: él paga los permisos en cada territorio, protege la mercancía. Sin él, caes en manos del cartel, te secuestran automáticamente. Mi familia ya estaba pagada, «en tránsito». Pero la mujer rubia había ignorado el código. Y ahora yo hacía cuentas con las vidas que más amaba: no importaba si era Linnet, que había arriesgado todo por reunirnos; Ly, que a sus 18 años se convirtió en madre de sus hermanas; Roci, de 14, con toda la vida por delante; o la pequeña Karen, que a sus 9 años nunca debió conocer esta clase de maldad.

Cuatro vidas. 40,000 dólares.

Hice el inventario devastador de nuestra pobreza: 20 dólares en mi cartera; los 2,600 dólares que Linnet guardaba para el cruce final; una tarjeta de débito conectada a la nada; dos trabajos que apenas alcanzaban para sobrevivir, no para rescatar. Entre lo que teníamos y lo que necesitábamos, se abría un abismo de 37,380 dólares.

Nunca había medido el amor en números, y ahora descubría que mi amor valía exactamente 37,380 dólares más de lo que yo poseía. En las horas que siguieron, mi dignidad se evaporó y mi mente se fracturó en planes cada vez más desesperados. Me imaginé parado en los semáforos con un cartel: «MI FAMILIA ESTÁ SECUESTRADA, AYUDA». Calculé limpiar parabrisas. Faros en la gasolinera. Acumular migajas contra una montaña. Consideré vender un riñón; busqué en internet cuánto pagaban. Pensé en cosas que aún no puedo escribir, pensamientos que harían que mis hijas no me miraran igual.

Rocé la locura con una pregunta que ningún padre debe formular: sí solo consigo 10,000, ¿a quién elijo?

Mi mente enferma elaboró una lista imposible: la pequeña primero, porque tiene más vida por delante. No; la mayor, porque puede trabajar y ayudar a reunir el dinero para las otras. No; Roci porque... No; mi esposa, porque...porque...

Me encontré jugando a ser Dios con las vidas que más amaba, y ese fue el momento exacto en que supe que ya estaba en el infierno.

Guardé el secreto como se guarda una granada sin seguro. Imposible soltarlo. Los compañeros me veían cumplir mi rutina con normalidad fingida, entrar y salir con la misma cara de siempre, sin sospechar que entre esas horas yo hablaba con el Constructor de Cicatrices, armando ecuaciones imposibles.

«Todo bien, hermano», mentía cuando preguntaban por mi familia. El teléfono se convirtió en mi torturador personal: cada vibración podía ser salvación o sentencia de muerte. Revisaba la pantalla compulsivamente, cada 30 segundos, como un adicto a su propia destrucción.

Hay soledades que no se comparan por compañía. Puedes estar rodeado de gente y seguir absolutamente solo, conversando con Dios en el idioma de los desesperados.

Negociación entre criminales

El coyote insistía en que no pagara. «Esto es problema mío», repetía con una confianza que no me daba paz. Decía que estaba hablando directamente con los jefes del cartel, que era un lío interno. Incluso mencionó que iría personalmente con sus hombres armados a rescatar a los secuestrados. Él protegía su reputación, su territorio, sus códigos criminales. Yo, en cambio, protegía cuatro corazones que latían a la distancia. No estábamos peleando la misma guerra.

Mi esposa vivía en el tablero real. Y en ese tablero había alguien amenazándolas. Había tres niñas aterrorizadas y una madre dispuesta a todo. Pagó 2,400 dólares, casi todo lo que traía consigo, ese dinero sagrado destinado al cruce final. Lo entregó sin titubear. Porque las madres no negocian con el terror de sus hijos. Actúan. Y a veces, actuar basta para sobrevivir un día más.

Compró algo intangible: un respiro. La mujer rubia, fiel a su palabra de criminal, las trasladó al sector de los que «cooperan»: un cuarto con menos personas, colchones que no apestaban a miedo, dos comidas al día en vez de una. Mis hijas podían dormir sin escuchar ejecuciones. Pudieron cerrar los ojos sin sentir la amenaza directa.

Había pagado por una mentira hermosa: la ilusión de seguridad en medio del caos. Y en ese momento, valía más que toda la verdad del mundo.

Cuando Dios usa al diablo

La justicia llegó vestida de bala. Aquella mujer había violado la regla más sagrada del cartel: nunca tocas la mercancía que ya tiene dueño. El grupo tenía un sello invisible, un código de barras criminal que decía «pagado y en tránsito». Ella lo ignoró por codicia, y esa codicia firmó su sentencia de muerte. No quedó claro quién la ejecutó ni cómo; lo cierto es que la siguiente mañana ya no estaba, y sus sicarios recibieron la orden: entregar los secuestrados al coyote.

Mi familia fue liberada no por un milagro divino tradicional, sino por las reglas de honor entre demonios. Dios había usado la estructura misma del mal para ejecutar su plan. A veces el Constructor de Cicatrices trabaja con materiales que preferirías no examinar muy de cerca.

Fue la paradoja de José:

«Vosotros pensasteis mal contra mí, mas Dios lo encaminó a bien, para hacer lo que vemos hoy, para mantener en vida a mucho pueblo» (Génesis 50:20).

El Constructor de Cicatrices permite que lleguemos al fin del abismo para mostrarnos que Él es más profundo aún. Con mi familia secuestrada en Veracruz, yo moría y resucitaba cada día en Texas. La impotencia de un padre que no puede proteger a los suyos es un tipo particular de crucifixión.

Desde la cicatriz

El Constructor de Cicatrices mueve piezas en un tablero que no podemos ver. Usa las reglas del mal; justicia torcida que termina siendo divina. En contadas ocasiones usa a los lobos para proteger a sus ovejas.

Él demuestra de lo que es capaz. Cuando tu aritmética no cuadra, la suya apenas comienza. Él no necesita nuestros recursos; necesita nuestra rendición. Porque la fe no es un concepto teológico, sino el último hilo que te separa de la locura.

El Constructor de Cicatrices no nos libera por nuestra fuerza, no por nuestro dinero, no por nuestra inteligencia. Libera porque puede convertir nuestra absoluta incapacidad en el lienzo perfecto de Su poder.

La fe no es tener las respuestas. Es confiar en quien las tiene, aunque use caminos que preferirías no examinar muy de cerca.

Preguntas para el alma

- ¿Qué «aritmética imposible» estás enfrentando hoy, y qué pasaría si dejaras que Dios hiciera sus propios cálculos?

- ¿Estás dispuesto a que tu absoluta incapacidad se convierta en el lienzo de Su poder absoluto?

- ¿Puedes enfrentar una decisión imposible donde la fe sea el único hilo que te separe de la locura?

Oración Final

Dios, no necesitas mis recursos; necesitas mi rendición. Toma mi incapacidad y conviértela en tu lienzo. Confío en ti, aunque uses caminos que preferiría no examinar. Amén.

15

CAMINO DE POLVO Y MILAGROS

*T*odos hablaban de meses y de cierre de fronteras; yo insistía en una frase: «el Constructor de Cicatrices ya lo decidió, en cuestión de días llegan». En la iglesia, el pastor creyó que era un deseo más, sin ver que Él estaba convirtiendo esas palabras en la orden de salida para el último tramo de polvo y milagros.

Cuando tus mapas se agotan, los Suyos apenas comienzan

Cuando el cuerpo se rinde, el alma resiste

Hay condiciones que parecen finales, pero son pausas.

Las ruinas de una antigua fábrica de botellas las recibieron al atardecer. Una vía del tren se extendía como cicatriz en el paisaje, testigo mudo de su cansancio.

Exhaustas, colapsaron sobre la arena. Linnet no pudo contenerse: lloró largamente, dejando salir todo lo que había aprendido a callar. En medio de aquel polvo áspero, acurrucadas en la intemperie, intentaron dormir, esperando que la noche pasara.

Una silueta se inclinó en la penumbra: un custodio de ojos cansados, de esos que el mundo ignora, pero Dios siempre recuerda. Advirtió casi sin mover los labios

—No es arena... es polvo tóxico de vidrio. No lo respiren.

Linnet se cubrió la nariz con el borde de la blusa y levantó a las niñas.

Las condujo junto a las demás madres con sus hijos, hacia lo que quedaba de las oficinas de la fábrica. Adentro, los guías de ese tramo —otros rostros, la misma crueldad— festejaban con licor y con mujeres del grupo, quienes habían pagado el trayecto de otra manera.

Dos horas de sueño en suelo limpio constituyeron la única misericordia que aquella fábrica podía ofrecer.

Al clarear el día, ya viajaban en un tráiler sellado. Dentro no había luz ni aire suficiente para todos. Las madres leían los rostros de sus hijos en la oscuridad y oraban con los ojos abiertos.

En una parada programada convergieron tres tráileres y descargaron a la gente para coordinar el siguiente movimiento. La pausa apenas duró lo suficiente para engañarlos: «¡Viene Migración!», gritaron los guías, y el pánico los lanzó hacia el cañaveral. La alarma era falsa. Cuando regresaron, jadeando y cubiertos de raspones, los guías reían. Para ellos no había urgencia ni peligro, solo un juego torcido, un deporte enfermo practicado con presas sin protección.

La carrera falsa se acabó. Reinó una quietud forzada. El cuerpo volvió a cobrar tributo. Otra vez los niños enfermaron. El joven de piernas inmóviles—aquel que su padre había cargado sobre la espalda, paso a paso, sostenido por la obstinación del amor— también sucumbió; terminó vencido por la fiebre, o algo peor.

Esta vez el amor no alcanzó. La madre se aferraba al muchacho como si pudiera transmitirle sus propias fuerzas, pero no bastaban para sanar ese cuerpo quebrado.

El padre permaneció de pie frente a ellos. No se sentó; sus rodillas le advertían que, si cedía a la gravedad, el suelo no lo soltaría jamás. Apretó la mano de su hijo. Tocó el rostro de su esposa. La boca se negó a abrirse. Las palabras, como las piernas de su muchacho, habían dejado de funcionar. Dio la espalda y caminó hacia la caravana, como si cada paso le arrancara el alma.

No volteó, y su cuello agradeció: cualquier mirada atrás lo habría hecho retroceder.

Al acercarse en solitario, una anciana lo vio primero. Tocó el brazo de quien tenía al lado. «¿Viene sin ellos?», preguntó este. Todos fueron volteando. Enmudecieron.

Las mujeres se cubrieron el rostro, negándose a mirar la herida que venía caminando. Los hombres miraron al suelo. El dolor se agazapaba como un animal atrapado entre todos.

La anciana que lo vio primero dibujó una cruz en el aire. Otro le extendió una botella de agua: gesto inútil, su forma de decir «lo siento». Los reproches murieron antes de nacer. Entendieron que hay decisiones que no nacen en la cabeza, sino en la sangre: seguir caminando también es una forma de amar. Cada uno sabía que podría ser su turno mañana.

El camino siguió. El padre también. La familia quedó atrás, en un puesto médico clandestino.

Mercado de miseria

Continuaron en otro contenedor metálico, ascendiendo hacia las montañas, y con las montañas, un frío que roía la piel. En la cima, disimulado entre la vegetación, los acogió un campamento convertido en mercado de la desesperación.

La miseria gobernaba el negocio, y ellos quedaban como clientes sin opción. Alquilaban colchones y cobijas, cobraban por unos minutos de electricidad para un teléfono agotado.

Mi esposa se convirtió en estufa humana: tres hijas acurrucadas contra su cuerpo, cuatro corazones latiendo juntos, desafiando un frío que ninguna cobija alquilada podía vencer.

Cuando la neblina se disipó, vieron pequeños puestos exhibiendo sus milagros humildes: café que quemaba manos heladas, leche que devolvía vida, chocolate con sabor a esperanza. También vendían ropa de invierno: compraron gorros y guantes como si fueran joyas.

El descenso tomó el resto del día. Al oscurecer, las luces de Ciudad México centellearon en el horizonte.

La ciudad las recibió con hospitalidad envenenada: un hotel decente que encubría otra extorsión. El coyote exigió el último pago de la travesía. El dinero entregado a la mujer rubia se había esfumado de la memoria del cartel; allí, las reglas se reescribían al ritmo de la codicia.

Reclamé que descontara el dinero del secuestro. Le recordé su compromiso: un viaje sin complicaciones. Le exigí que asumiera su parte.

Su respuesta fue otra evasiva: «Paga en el DF, después en la frontera te devuelvo lo que perdieron».

Compromisos que se desangrarían antes de cruzar la frontera.

Maritza seguía siendo la persona más cercana, siempre dispuesta a colaborar. Nunca le conté lo del secuestro —guardé esa herida bajo llave—. Para ella, la travesía era simple: camino largo, dinero corto. Cuando le pedí ayuda,me dijo que lo sentía, en ese momento no tenía un peso, pero conocía a alguien que sí: su hijo.

Esa misma tarde nos presentó. Él escuchó cada palabra, midió el riesgo con la calma de quien ha prestado antes, y extendió la mano. Interés justo. Plazos razonables. Fe convertida en firma.

Western Union cerró el circuito, y el coyote cobró lo suyo.

El siguiente refugio tenía nombre de casa, pero alma de bodega. Allí los clasificaban como mercancía. Cada encargado recorría el lugar con listas en las manos, etiquetando personas, armando lotes y ajustando rutas de embarque para Monterrey.

Vieron partir a todos; la caravana las fue dejando atrás grupo tras grupo, hasta que el lugar agonizó. Cada partida estiraba la ausencia, internándose en la vorágine mexicana. Quedaron ellas y otra cubana, rezagadas como paquetes sin destinatario. Dos días flotando en un espacio sin reclamar.

El conductor del infierno

La impotencia me empujó a comunicarme con el coyote nuevamente y exigirle respuestas: yo había cumplido meticulosamente con el último pago, ¿por qué mis mujeres seguían varadas mientras convoy tras convoy partía hacia Monterrey?

Linnet ya intuía el problema: las habían confundido con deudoras. El coyote revisó sus registros, reconoció el error y prometió prioridad absoluta.

Esta vez cumplió. Esa noche, ellas fueron las primeras en partir.

Un auto que olía a malas decisiones: un conductor condenado a cadena perpetua del tabaco, un joven ecuatoriano que no pronunció palabra desde que subió, ellas cuatro apretadas en el asiento trasero.

El chofer, cada cierto tiempo, encendía un cigarrillo, bajaba el vidrio y dejaba que el frío cortara el aire. Luego se detenía en la orilla del camino, descendía y regresaba con los ojos vidriosos. Linnet descifró cada pausa. Sabía exactamente qué hacía en la oscuridad.

El auto avanzaba, retrocedía, giraba: caminos que no llevaban a ningún lado, o quizá a todos los lugares equivocados. Mis hijas inventaron un refugio: palabras entre ellas, frases cortas que les pertenecían. En ese murmullo estaba lo que no podían decir en voz alta.

Ironía cruel: las primeras en partir, las últimas en llegar. Los que habían salido después ya descansaban en el destino. Ellas seguían dando vueltas, sin señal, sin mapa, con la certeza de que el amanecer las sorprendería acurrucadas en esos asientos completamente perdidas.

Las horas se evaporaron. Entrada la tarde, el encargado de recibirlas logró comunicarse. La voz al otro lado, entrecortada, pidió señales: una luz lejana, un cartel, un sonido. Cualquier cosa.

Tras varios intentos, lograron ubicarlas y recibieron una nueva dirección. Un joven esperaba en el punto acordado. Las saludó con gesto amable y las condujo hasta una casa sencilla donde, finalmente, la sensación de peligro cedió paso a una tregua necesaria.

El Constructor de Cicatrices se reveló a través de acciones invisibles: agua caliente que borró días de penuria, sopa para las niñas, mantas que no cobraban. Sintieron la gratitud como la forma más pura de misericordia.

El convoy final

En tránsito otra vez: un hotel las esperaba, la última antesala antes del río. El lugar semejaba una colmena, no de abejas, sino de migrantes expectantes del último trayecto.

Un niño emocionado preguntó algo a su madre; ella, con delicadeza, puso un dedo sobre sus labios y dijo: «Sí, ya casi, sí». Miradas inquietas se cruzaban entre desconocidos, unidos por el mismo destino.

Un convoy partió. Cada vehículo crujía bajo el peso humano que transportaba. Seis horas de camino hacia un pueblo meticulosamente adornado con luces navideñas, ausente en los mapas —porque los mapas no registran los lugares donde la gente se desvanece.

Cuando la carretera quedó atrás, empezó la caminata decisiva.

El avance no se medía en minutos, sino en jadeos y escalofríos. Los gorros y guantes comprados en la montaña apenas ofrecían una protección mínima, insuficiente frente a un frío que no mordía, sino que desmantelaba el cuerpo por partes: primero se llevaba la sensación de las manos, luego la de los pies, hasta obligarlos a caminar sobre extremidades que ya no les pertenecían.

Avanzaban por territorio de serpientes venenosas, con piedras que se deslizaban bajo sus pies como si el suelo conspirara, mientras las ramas los golpeaban sin previo aviso y dejaban marcas que solo descubrirían horas después.

Un murmullo grave anunció la llegada. El río Bravo acechaba en la oscuridad.

Los guías recorrieron la fila vaciando bolsillos, recogiendo hasta el último peso mexicano: tributo que el río jamás reclamaría. Lo que no servía para ellos tampoco cruzaría el río.

La oscuridad difuminaba los contornos. Cada paso hacia el agua exigía más fe que el anterior.

Dos años atrás, crucé ese río. Ahora mis cicatrices les abrían el camino. Ellas en el infierno mexicano, yo en el purgatorio tejano. Nuestra arma: la fe. «Dios lo puede hacer».

El calendario parecía burlarse: el fin de año se acercaba con la amenaza de fronteras cerradas, y la espera me estrujaba el espíritu mientras un invierno de récord azotaba la frontera con México, el gobierno prometía sellar la puerta el 31 de diciembre y todo adquiría la forma de una conspiración invisible, como si el universo entero se hubiera confabulado contra mis mujeres, que solo anhelaban llegar a casa.

La definición

Cada domingo, el ritual se repetía. El Pastor Gilberto, genuinamente preocupado, me interceptaba después del servicio.

«Alexander, ¿alguna noticia?», preguntaba mientras ya preparaba su respuesta: «Tranquilo, hermano, seguro para año nuevo llegan».

Sus palabras, aunque bien intencionadas, herían mi certeza.

«Pastor», le respondía con firmeza, **«Dios ya lo decidió. En cuestión de días llegan»**.

Él asentía, pero sus ojos decían *pobre hombre, el deseo por reencontrarse con los suyos lo ciega*. No entendía que mi certeza no nacía del deseo. Provenía de la fe.

Vivía la definición literal:

«Es, pues, la fe, la certeza de lo que se espera, la convicción de lo que no se ve» (Hebreos 11:1).

La fe sin obras está muerta, así que mis manos trabajaban mientras mi corazón oraba. Cancelé el contrato de convivencia con los venezolanos y el mexicano; tuvieron que entender que mi familia venía.

El Constructor de Cicatrices inclinó hacia la bondad el corazón del jefe de mi segundo trabajo: me entregó las llaves de un carro.

—Págalo a plazos el siguiente año —me dijo, con una generosidad insólita.

Reconocí el favor y la gracia de Dios operando ante los hombres.

Cuando el cielo decide bendecirte, hasta las piedras dan agua.

Esa madrugada ciega, mientras temblaban en la orilla, Él coronaba su obra maestra: un puente construido con dolor cubano y esperanza americana, invisible pero más real que el acero.

Lágrima a lágrima desde Cuba, piedra a piedra en Texas.

Desde la cicatriz

El Constructor de Cicatrices usa el polvo, el frío, el hambre y el miedo como herramientas para edificar algo que no se derrumba: una fe que no depende de las circunstancias. Cuando tus mapas se agotan, los Suyos apenas comienzan.

El Constructor de Cicatrices hace resurrecciones: levanta vidas donde otros ven ruinas. Las cicatrices de unos se vuelven el camino que los de atrás necesitan para cruzar.

Hay una diferencia entre desear y saber. El deseo dice: «Ojalá lleguen». La fe afirma: **«Llegarán»**. No porque la ruta sea clara, sino porque quien la traza no falla.

Preguntas para el alma

- ¿De qué polvo tienes que sacudirte para que tus pies por fin encuentren tierra firme?

- ¿Tu certeza nace del deseo o de la convicción absoluta? ¿Sabes cuál es la verdadera diferencia?

- ¿Qué cicatrices tuyas están abriendo camino para otros sin que tú lo sepas?

Oración Final

Dios, cuando el camino se extinga y mis mapas no registren el destino, recuérdame que los Tuyos ya lo trazaron. Usa mis cicatrices para abrirles el camino a otros. Y cuando el frío devore mis fuerzas, haz que mi fe avance sobre extremidades que ya no siento. Amén.

16

NOCHEBUENA EN AMÉRICA

Con el agua helada al cuello y sin saber nadar, al otro lado no las esperaba la tierra prometida, sino La Hielera, donde mi esposa inventaría su propio reloj, mientras el Constructor de Cicatrices me instruía para convertirme en el padre de la parábola.

El Constructor de Cicatrices siempre termina lo que comienza

Cuando la fe enfrenta el miedo

Un desnivel de metro y medio se abría ante ellas. Abajo, el río respiraba, paciente, esperando su tributo. La temperatura gélida cristalizaba la piel. Los primeros no tuvieron espacio para la duda. Se arrojaron en plena negrura, aferrados a la esperanza de cruzar. La profundidad inconstante volvía cada paso un salto hacia lo desconocido.

La fila avanzó. Linnet quedó frente al barranco. Un estremecimiento la inmovilizó. Los cruces anteriores resultaron difíciles. En Honduras, los troncos le ofrecieron dónde pisar. En Guatemala, una balsa improvisada la sostuvo. Ninguno la preparó para este desafío. Este río se extendía distinto: más ancho, conocido por su historial de desenlaces fatales.Demandaba sumergirse en agua helada, en plena noche.

El Constructor de Cicatrices hizo de mi hija Ly una profeta. No esperó permiso; la fe no lo requiere. Se lanzó al agua.

—Bajen a mis hermanas —ordenó. No fue una súplica; fue un mandato.

El coraje de una hija deshizo la cadena invisible que aprisionaba a su madre. Roci y Karen descendieron empujadas por el mandato; el destino cerró toda vía de regreso. Linnet lo entendió en un fulgor de lucidez: tensó los músculos y se arrojó, dejando que el río helado extinguiese el último latido del miedo.

El cuello marcaba el límite entre respirar y rendirse. Linnet devino arca, cargando a Karen sobre la espalda mientras Ly y Roci se aferraban a sus costados, con las mochilas como coronas absurdas sobre sus cabezas. Todo parecía alinearse en su contra: piedras punzantes bajo los pies, una corriente hambrienta empujando de izquierda a derecha, la angustia llenando los pulmones más que el oxígeno. Cada tropiezo arrancaba un «Dios mío» que se desvanecía en el agua. El Constructor de Cicatrices contaba cada temblor, cumpliendo la promesa perdurable:

«Cuando pases por las aguas, yo estaré contigo; y si por los ríos, no te anegarán» (Isaías 43:2).

Paso a paso. Aliento tras aliento. Tocaron la otra orilla.

La tierra firme las recibió como a náufragas victoriosas, temblando entre el frío, el agotamiento y un éxtasis feroz. Arrancaron la ropa empapada y congelada, que pesaba como plomo sobre la piel, y los harapos secos se transformaron en vestiduras de gloria. Linnet marcó mi número con los dedos apenas obedientes y, con la voz entre sollozos, gritó tres sílabas:

—¡Llegamos!

Más revelación que anuncio. No se trató de la llegada a un lugar, sino del momento en que lo imposible se volvió real: cruzaron su río Jordán y la orilla se alzó como altar. Texas, la tierra prometida, recibía a las sobrevivientes de un éxodo que ya mutaba a cicatriz. Mi espíritu exclamó «Gloria a Dios» como señal. Dos años de separación forzada y una travesía desgastante se transformaron en testimonio. El Constructor de Cicatrices no solo estuvo presente: caminó en el agua con ellas, sosteniendo cada tropiezo.

La Hielera

Las sirenas de la patrulla fronteriza irrumpieron y la comunicación se quebró en el acto. En cuestión de segundos pasaron de náufragas victoriosas a prisioneras, alineadas al borde de la carretera mientras el temblor mudaba del frío, los calambres y la emoción a una vulnerabilidad recién estrenada. Los reflectores las bañaban con una luz blanca e implacable; un oficial ingresaba datos en una tablet —nombre, nacionalidad, fecha de nacimiento— mientras otro señalaba los autobuses que aguardaban con los motores encendidos.

La maquinaria de la frontera funcionaba aceitada: cada noche el mismo ritual, cada amanecer nuevos rostros. El trayecto se arrastró entre respiraciones contenidas; algunas cabezas caían vencidas por el agotamiento, otras permanecían erguidas, con los ojos fijos en un punto que no existía.

Cuando el autobús se detuvo, la puerta se abrió en la Estación de la Patrulla Fronteriza de Del Rio, Texas. Las pertenencias pasaron a charolas metálicas, alineadas sobre una mesa como piezas sin dueño. Las huellas dactilares quedaron impresas en lectores electrónicos, convirtiendo los dedos en datos. Tomaron fotografías de frente y perfil, fijando los rostros desde ángulos que no devolvían identidad.

Al final, un agente introdujo un hisopo estéril en la boca de cada uno y extrajo una muestra de ADN. No preguntó nada. El cuerpo ya había dicho todo lo que el sistema necesitaba saber.

¿La recompensa? Una celda que justificaba cada pesadilla migrante: La Hielera. Sin metáforas. Una fina manta de papel aluminio por toda protección. Cuerpos demasiado juntos. Un precio por buscar vida.

La madrugada trajo caridad medida en vasos de leche—uno por niña. Luego, yogurt, manzanas, galletas: raciones de supervivencia. *Fugaz.*

La caridad duró poco. Un agente se acercó, pronunciando el nombre de Ly en voz baja y cortante. Ella se puso de pie sin comprender, la mirada buscando respuestas en el rostro de su madre. Linnet intentó abrazarla, pero la puerta de la celda se cerró antes de que pudiera rozar sus manos. No hubo explicación, solo el eco de sus pasos alejándose por el pasillo. El desgarro fue físico; sintió como si le arrancaran un órgano.

Horas después, el agente regresó por Roci. Para una madre, perder a cualquiera de sus hijos significa lo mismo. La niña palideció. Los ojos de Linnet se clavaron en ella, intentando transmitir fuerza, quizá el único consuelo posible.

Roci se irguió:

—Mami, no te preocupes, enseguida regreso.

Linnet quedó con Karen, las dos en esa celda helada, esperando. Karen respiraba muy despacio, como si temiera ser la próxima.

La regresaron. Linnet la abrazó antes de que pudiera hablar.

—Me llevaron porque algo no coincidía en mis datos —dijo Roci, con voz clara.

El tiempo se volvió un enemigo sin rostro. Los relojes no avanzaban, ni se podía distinguir si era día o noche.

Linnet inventó su propio reloj de prisión. Limpieza equivalía a mañana, comida a mediodía, revisión a la noche. Matemática para calcular cuánto llevaba sin su primogénita.

En los breves momentos en que los sacaban al pasillo, escudriñaba cada cubículo, hasta que lograba verla pegada a la reja, envuelta en el papel de aluminio. Sus miradas se fundían en un «de esta salimos, Dios es bueno».

Al siguiente día —¿o fue de noche? — sus ojos buscaron la celda familiar. Vacía. Ya había sido transferida a algún lugar distante. Linnet implosionó. Pero hasta el llanto estaba prohibido en La Hielera.

Después de comer las trasladaron a un salón amplio para el proceso de liberación. Las tres entre los detenidos, examinando cada rostro. Cuando preguntó por su hija a un oficial, se topó con un muro de silencio.

En las prisiones la información circula diferente: una mujer se acercó, susurrando solidaridad entre madres.

—Se la llevaron en la madrugada.

Laredo, dicen algunos. Houston, dicen otros. Nadie sabe. El no saber era peor que cualquier certeza.

Mi esposa suplicó quedarse:

—Déjenme aquí, esperaré...

El sistema no permite excepciones. No para ella, como no las permitió para aquellas madres que se quedaron con sus hijos enfermos días atrás.

Siguiente. Al autobús, al refugio de migrantes. La maquinaria no se detiene por corazones incompletos, ni por padres que continúan solos, ni por madres que pierden hijas en el laberinto burocrático. Sin su primogénita. Continuó.

La mitad del milagro

El teléfono descansaba sobre la mesa. Yo, parado frente a él. La olla se carbonizaba en el fogón. Llevaba horas así. Desde que cruzaron el río, cada minuto sin noticias se había convertido en mi tormento.

El humo ya llenaba la cocina cuando el teléfono vibró.

El sonido me atravesó. Lo agarré. Contesté.

Respiración entrecortada del otro lado.

—¡Mi amor! ¡Ahora Sí! Estamos libres.

Las palabras que rogué escuchar durante tres días.

El reporte fue agridulce; tres habían pasado el umbral. Faltaba una. Victoria incompleta. América las recibía rotas.

No hubo voz. Un saber profundo: Salieron cuatro de Cuba. Llegarán cuatro. La mente lanzaba escenarios—deportación, recursos, imposibles. El corazón sabía: El Constructor de Cicatrices es fiel, Él cumplirá su palabra.

Marqué al centro de detención. Muro de protocolo.

—No podemos dar información.

Tenían otras prioridades.

Ellas iban desde Del Río; yo, desde Georgetown. Punto de encuentro: San Antonio. Una iglesia que recibía a las familias recién liberadas.

Viajaban en un autobús con la calefacción defectuosa—al borde de la tiritera—. Cubanas, adaptadas al calor imponente del Caribe, donde 22 °C se siente como el más cruel de los inviernos; yo, en un Mustang del 2001 que rugía como si supiera la misión. Quince días de práctica al volante; el amor suplió la experiencia. Llevaba cobijas gruesas, comida, y un pronóstico de -8 °C grabado en la cabeza. En ciertos tramos me sorprendí gritando: **«¡GRACIAS DIOS, TE AMO!»**. Dos horas y media sin soltar el volante: el alma aceleró más que el motor. Llegué primero; me estacioné cerca de la iglesia y entré a una cafetería. Esperé con un café entre las manos, observando por los cristales. Un autobús entró al parqueo. Era el de ellas—simplemente lo supe. Salí sin abrocharme el abrigo.

Cuando las vi, las piernas se me aflojaron. Linnet cargaba a Karen, Roci pegada a su lado. Estaban flacas, afiladas, casi irreconocibles. Y entonces vi en sus ojos el mismo espanto: yo tampoco era el mismo. Mis pómulos marcaban el hambre de semanas. La ropa me quedaba grande. Parecía un esqueleto. Nos abrazamos con lágrimas. El frío no permitía ceremonias. Las llevé al carro, las arropé, y comencé a hablar. No podía parar. Nervios, alivio, todo revuelto. En algún momento les pedí perdón: tenía planeado otro recibimiento, con flores, peluches, regalos dignos de ellas. Linnet me tomó la mano.

«No te preocupes. Te tenemos a ti». Yo quería darles una bienvenida de película. Ellas querían estar conmigo.

El milagro completo

23 de diciembre. La casa respiraba Navidad a medias. Una silla vacía.

Compartimos victorias y heridas. Mientras las escuchaba, mis palabras salieron desbocadas:

—Mañana estará aquí.

Linnet me miró con cautela. Aprendió a no discutir con la fe de su esposo. Repetí con énfasis:

—**MAÑANA ESTÁ AQUÍ.**

24 de diciembre, 6:47 de la mañana. Una llamada con número desconocido. Contesté inmediatamente, no me importó la posibilidad de que fuera una de esas llamadas de estafa.

—Papá. Estoy en Laredo. Libre. Ya voy a montar en la guagua para San Antonio.

No esperaron a que colgara. Las tres se abalanzaron contra mí, saltaron con un brillo nuevo reflejado en sus ojos. Se fundieron conmigo en un abrazo constante; casi me dejan sin respiración. Organicé la salida para interceptarla.

Al mediodía llegué a la iglesia. Ella me esperaba afuera, la vi de lejos, muy delgada. Me convertí en el padre de la parábola. Corrí hacia ella. El abrazo fue colisión, un nudo que no queríamos soltar. Nos observaba la muchacha que le prestó el teléfono en Laredo para hacer esa llamada. La trajimos hasta Austin; su hermano no pudo llegar a San Antonio.

Nochebuena. El mundo preparaba pesebres. Nosotros ya teníamos nuestro milagro: cinco de cinco. Familia completa. El Constructor de Cicatrices había terminado su obra. Él es completamente fiel. No hace milagros a medias. No deja familias rotas. Tomó nuestros pedazos dispersos entre Cuba y Texas, entre ríos y desiertos, entre celdas y carreteras, y nos reconstruyó enteros. Siempre termina lo que comienza. Siempre.

Escribo con manos que ya no tiemblan. Con perspectiva lo veo: no fue migración, fue resurrección. En tiempos diferentes cruzamos del pasado al propósito, del quebranto a la reconstrucción.

Desde la cicatriz

El Constructor de Cicatrices no hace migraciones —hace transformaciones. No mueve cuerpos de un país a otro; convierte almas del quebranto al propósito.

Él sabe dónde estás: tu río imposible, tu desierto sin mapas, tu celda de paredes invisibles. Lee esto como palabra profética: no te rindas ahora.

El Constructor de Cicatrices ya comenzó contigo. La herida que hoy sangra será la cicatriz que predique milagros mañana. Él nunca abandona lo que comienza.

Su método es sencillo. Su palabra es Su firma.

Preguntas para el alma

- ¿Qué río Bravo personal te está esperando—ese cruce que parece muerte segura; tu única ruta a la libertad?

- ¿Puedes identificar los pedazos dispersos de tu vida? ¿Quién te puede ayudar a reunirlos?

- ¿Confiarás en que el Constructor de Cicatrices ya puso fecha a tu Nochebuena?

Oración Final

Dios, gracias por sacarnos de nuestro Egipto. Gracias por el río que no fue tumba. Gracias por La Hielera que no congeló nuestra fe. Gracias por la Nochebuena que nos devolvió completos. Y ahora, úsanos. Que cada cicatriz predique tu fidelidad. Quien lea estas páginas sepa: Tú siempre terminas lo que comienzas. Amén.

«*Nosotros éramos siervos de Faraón en Egipto, y Jehová nos sacó con mano poderosa.*» (Deuteronomio 6:21).
FIN

Epílogo

La Casa bendecida.

L a primera mañana juntos no fue épica; fue silenciosa. Pan tostado, café sencillo y unas risas que se sentían como oxígeno, llenando cada rincón de la casa.

El río no se mencionó. La Hielera tampoco. El milagro se movía entre nosotros con pasos callados: una niña pidiendo más mantequilla, otra riéndose con la boca llena, Linnet mirándome como quien por fin llega a casa.

La bendición no siempre anuncia su llegada. A veces entra en susurro y se sienta a la mesa.

Habíamos contado la historia en nuestras cabezas: yo imaginando discursos, ellas ensayando abrazos.

Cuando por fin estuvimos completos, Dios no necesitaba discursos. Ya lo había dicho todo con su fidelidad.

Esa tarde abrí una caja de cartón y metí dentro lo que no volveríamos a cargar: culpas, miedos, la pregunta «¿y si...?».

La sellé con cinta y escribí: «No regreso».

Como Eliseo en la Biblia, cuando Elías lo llamó, quemó su arado y sacrificó sus bueyes.

Entendí: no hay regreso cuando Dios llama hacia adelante.

¿Y ahora qué?

Ahora a construir.

Porque Dios no nos trajo hasta aquí para vivir de recuerdos, sino para levantar cimientos que otros puedan pisar.

La casa bendecida no es la de paredes nuevas, sino la de propósito.

Nuestro propósito es claro: contar lo que Dios hace con ruinas.

Acompañar a quien hoy cruza su desierto.

Sembrar esperanza donde otros sembraron miedo.

Criar hijas que sepan que la fe no es evasión, es obediencia.

He pensado mucho en Josué 4: esas piedras que el pueblo tomó del río para que futuras generaciones preguntaran: «¿Qué significan?».

Estas páginas son nuestras piedras de memoria. Las tomamos del fondo para decir: «Dios hizo camino en las aguas».

Si estás leyendo esto con el corazón roto, quiero dejarte una verdad que nos sostuvo:

Dios no es casi fiel; es fiel hasta el final.

Él no abandona obras a mitad.

Si te sientes inconcluso, no estás en tu entierro: estás en tu construcción.

El polvo que hoy te cansa no es de derrota; es señal de obra en proceso.

No te digo que será rápido.

Te digo que será Dios.

A quienes nos tendieron la mano sin preguntar de dónde veníamos ni cuánto traíamos, gracias.

A quienes oraron de madrugada cuando no había noticias, gracias.

A quienes pusieron la mesa cuando llegamos temblando, gracias.

Ustedes son parte de esta casa.

Y al lector que hoy decide creer de nuevo, te digo: esta casa también es tuya.

Antes de cerrar, quiero bendecirte con una oración sencilla:

Señor, mira estas cicatrices y dales propósito.

Mira estas manos cansadas y dales trabajo digno.

Mira este miedo viejo y cámbialo por paz que no se explica.

Edifica en cada familia que lee estas líneas una casa bendecida, donde tu presencia sea pan diario y tu voz sea luz en la noche.

Y cuando falten fuerzas, camina sobre el agua con ellos, como caminaste con las mías.

Amén.

Si un día nos cruzamos en una iglesia, en un aeropuerto o en una esquina cualquiera, tal vez me reconozcas por una frase y un abrazo:

Dios siempre termina lo que comienza.

Y cuando mires tus cicatrices en el espejo, recuerda: no son un punto final.

Son firmas del Constructor de Cicatrices que sabe transformar ruinas en promesas.

Nos vemos en la obra.

Expresiones de gratitud

Al **Dios Todopoderoso,** verdadero autor de esta historia, quien orquestó cada paso cuando yo solo veía caos.

A mi esposa, **Linnet,** guerrera incansable: protegiste a nuestras hijas cuando yo no podía. Fuiste la memoria viva que proveyó todo el material para estas páginas; juntos, codo con codo, trabajamos incansablemente para conseguir esta obra. Tu fe, cuando la mía flaqueaba, fue el puente invisible que nos mantuvo unidos a través de la distancia.

A mis amadas hijas, **Lylian Daniela, Rocío y Ana Karen:** con 18, 14 y 9 años demostraron una valentía que muchos adultos no poseen. Cada una de sus lágrimas quedó escrita en el Libro de la Vida.

A mi hermana, **Yoetis Ledys:** tu generosidad no improvisó; llevaba años sembrando para este día. Me sostuviste cuando la escasez apretaba en la isla y, sin saberlo, preparaste nuestra salida al darme la casa que, tres años después y en el tiempo perfecto, se convirtió en la llave financiera de nuestra libertad.

Gracias por ser instrumento de Dios antes, durante y después de la tormenta.

A mi querida **Yanelis Saavedra**, cuñada de buen ánimo: gracias por tus oraciones constantes y tu corazón dispuesto.

A mi prima **Maribel Domínguez** y a su esposo **Laureano Ferrero**: su apoyo silencioso, fue refugio en momentos donde todo parecía incierto. Su generosidad, su presencia y su fidelidad familiar fueron parte de la provisión de Dios cuando más la necesitábamos.

A **Maritza Carrasquillo,** ángel puertorriqueño en nuestro camino: tu generosidad y amor incondicional fueron las manos de Dios cuando más las necesitábamos.

A **Chhin Lenn**, hermano camboyano excepcional: tu bondad trascendió culturas y fronteras; tu apoyo fue columna de fortaleza en medio de la tormenta.

A **Joel Villalobos**, en Tapachula: no solo nos brindaste un espacio, nos diste refugio. Tu compasión hacia mi familia fue bálsamo en el desierto. Fuiste más que un arrendador: fuiste un ángel guardián.

A **Luz Caridad,** en Washington, D. C.: me enseñaste que Dios coloca a las personas exactas en los momentos exactos.

A mis pastores, **Gilberto Ríos y Vivian Avilés,** y a toda la congregación **Casa de Amor y Fe en Austin,** Texas: sus oraciones fueron murallas de protección mientras mi familia atravesaba el valle de sombra.

A mi amigo **Norgis Rodríguez,** gracias por haber estado allí, guardián silencioso en los días de panadería y cansancio.

A **Luis, Rene y Erik**, compañeros de jornada y asfalto: gracias por ser las ruedas que me faltaban. Su compromiso silencioso convirtió el favor en fraternidad, recordándome que, entre verdaderos hermanos, la necesidad nunca es una carga.

A los **ángeles anónimos** del camino: la vecina que compartió su olla de comida, los migrantes que cuidaron de Rocío cuando se perdió en la selva, a cada mano extendida en medio del infierno.

A Lisbet López, gracias por ser puente. Tu disposición para llevar los documentos fue un eslabón vital en nuestra cadena de milagros.

Y a cada **lector** de este libro: gracias por permitir que comparta una verdad aprendida en el dolor—las cicatrices no son marcas de derrota, sino evidencias de haber sido escogidos para contar una historia.

Notas finales

Este libro no nació para explicar a Dios, sino para dar testimonio de lo que Él hace cuando el dolor parece tener la última palabra. Todo lo que aquí se cuenta ocurrió en la vida real, con nombres, lugares y decisiones tomadas en medio del miedo, la incertidumbre y la fe.

He cuidado cada historia con respeto. Algunos detalles fueron protegidos, no para suavizar la verdad, sino para preservar la dignidad de quienes caminaron este proceso con nosotros. Las cicatrices que aparecen en estas páginas no buscan compasión, sino propósito.

Es importante aclarar que este libro no pretende exhortar ni promover la migración irregular. Cada historia aquí narrada pertenece a un contexto específico y a decisiones personales tomadas en circunstancias extremas. Toda persona que hoy considera migrar debe informarse, actuar con responsabilidad y atenerse siempre a las vías legales establecidas por las autoridades correspondientes.

Si has llegado hasta aquí con preguntas, dudas o heridas abiertas, no tengo respuestas rápidas. Solo una convicción nacida del camino: Dios no abandona la obra que comienza.

A veces guarda silencio, a veces parece distante, pero sigue construyendo incluso cuando no lo vemos.

Este libro termina aquí, pero la obra no. Las cicatrices continúan hablando, recordándonos que no son señal de derrota, sino evidencia de que seguimos en construcción.

Porque cuando el hombre dice «se acabó», Dios dice: *«ahora mírame trabajar»*.

Biografía del autor

Alexander Domínguez no se define a sí mismo como escritor, sino como testigo de la restauración.

Nacido en Cuba, conoció desde temprano el trabajo duro y la vida marcada por la escasez. Fue obrero agrícola —de los que aran la tierra con bueyes—, trabajó en la construcción y en el sector de la gastronomía. En 2020 salió de Cuba en busca de libertad, el día anterior al cierre total de los aeropuertos provocado por la pandemia del COVID-19, iniciando un camino incierto que transformaría su vida para siempre.

Su travesía lo condujo a Costa Rica, vía Nicaragua, donde permaneció un año y tres meses. Allí, entre la espera y la incertidumbre, descubrió el internet por primera vez a los 43 años. Dios volvió a comenzar una obra profunda en su corazón. Retomó labores agrícolas, trabajó en la construcción y en empacadoras de yuca y piña. Mientras desempeñaba estos oficios agotadores estudió sin descanso tras sus jornadas laborales, lanzando su primera campaña publicitaria apenas seis meses después de su primer contacto con la red.

En el Día de los Padres de 2021 llegó de manera irregular a los Estados Unidos. Desde entonces ha trabajado como ayudante de plomería, custodio nocturno, personal de limpieza en eventos, obrero de la construcción y panadero. Cada oficio se convirtió en una lección y en parte del proceso que dio forma a su fe.

Actualmente reside en Georgetown, Texas, junto a su esposa Linnet, sus hijas Lylian Daniela, Rocío y Ana Karen, y sus padres. Dos de sus hijas y sus tres nietas permanecen en Cuba, mientras su hermana vive en Cuernavaca, México. A pesar de la distancia, la familia sigue unida.

Hoy Alexander comparte un mensaje nacido de la experiencia: las heridas del pasado no son el final, sino el lugar donde Dios comienza a construir con propósito.

Constructor de Cicatrices es su primer libro, un testimonio vivo de fe, trabajo, migración, paternidad y del poder inquebrantable de la familia.